ÉLÉMENS
DE LA PHILOSOPHIE
DE L'ESPRIT HUMAIN.

3.

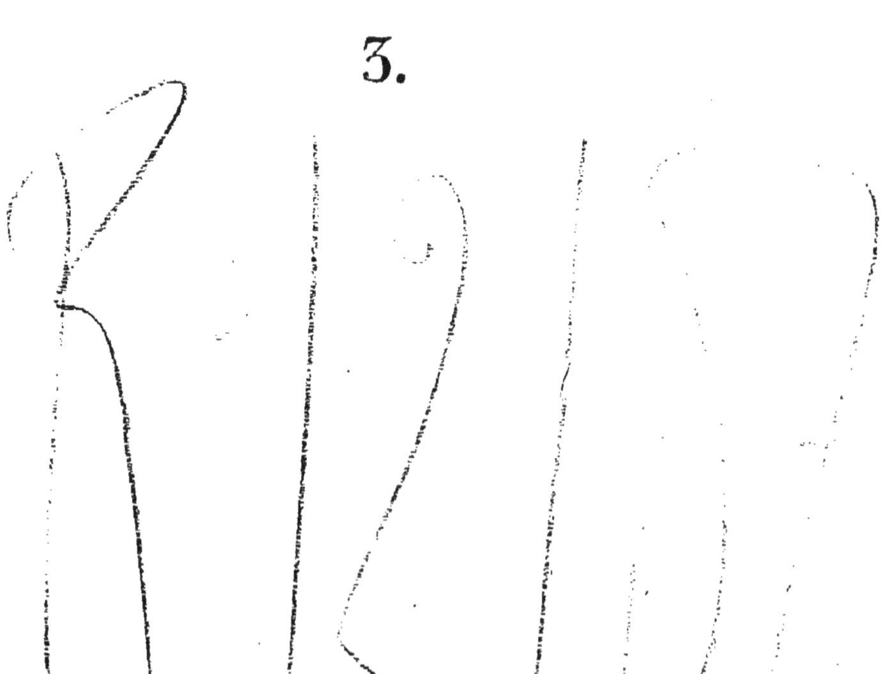

DE L'IMPRIMERIE DE J. J. PASCHOUD.

ÉLÉMENS
DE
LA PHILOSOPHIE
DE
L'ESPRIT HUMAIN;

Par DUGALD STEWART,

Professeur de philosophie morale à l'Université d'Edimbourg, de la Société Royale de la même ville; membre de l'Académie Impériale de Pétersbourg; membre de la Société phil. améric. de Philadelphie.

TRADUIT DE L'ANGLOIS.

TOME TROISIÈME.

GENÈVE,
J. J. PASCHOUD, IMPRIMEUR-LIBRAIRE.
PARIS,
RUE DE SEINE, N.° 48, FAUBOURG SAINT-GERMAIN.

1825.

PRÉFACE DU TRADUCTEUR.

M. Dugald Stewart, dans un de ses premiers ouvrages, avoit présenté l'esquisse d'un cours complet de philosophie (1). Plus tard il entreprit de remplir lui-même le plan qu'il avoit tracé. Les Élémens de la philosophie de l'esprit humain, publiés il y a trente ans, offrent le développement de la première partie de ces esquisses : ils contiennent l'analyse de nos facultés intellectuelles considérées en elles-mêmes, dans leurs rapports entr'elles, dans l'ordre de leur développement et dans leurs produits.

(1) On publie en ce moment la traduction de cet ouvrage, précédée d'un discours préliminaire, par M. Jouffroy, l'un des professeurs les plus distingués de l'ancienne école normale.

L'ouvrage dont nous donnons une traduction se rattache par le sujet et par la pensée même de l'auteur à cette première publication. C'est un traité de logique, pour faire suite à un traité de psychologie. Ce n'est plus un tableau complet de l'esprit humain étudié dans l'ensemble de ses facultés. Une seule d'entr'elles, la raison, remplit cette seconde division de la science philosophique : encore n'est-elle pas représentée sous toutes ses faces : le logicien ne considère en elle que la faculté de distinguer le vrai du faux, et de combiner les moyens qui peuvent conduire à certaines fins. Mais la raison a encore une autre propriété ; elle est juge du bien et du mal, en même temps que du vrai et du faux, et sous ce rapport, elle est encore le sujet d'une troisième partie qui reçoit le nom de morale, et complète la philosophie de l'esprit humain.

L'unique objet que se soit proposé M. Dugald Stewart dans cet ouvrage est donc de déterminer : A quelles lois est soumise la raison dans son développement intellectuel, c'est-à-dire, de combien de manières nous connoissons la vérité ; et, ce qui est une suite naturelle de cette étude : Quels sont les moyens les plus sûrs pour arriver à la connoissance de la vérité, ou en d'autres termes, quelle est la meilleure méthode pour la recherche de la vérité.

En examinant le caractère distinctif des vérités dont l'esprit est en possession, on trouve qu'il en existe de trois sortes.

Ou la vérité nous apparoît tout d'abord dans une évidence complète, sans passer par les degrés divers de la probabilité, sans qu'aucune preuve puisse la fortifier, aucune contradiction l'affoiblir, toujours égale à elle-même, toujours irrésistible. On peut la renier des lèvres, mais non pas cesser d'y croire, et le sceptique qui la combat dans ses paroles, s'y soumet nécessairement dans sa conduite.

Ou bien nous ne saisissons la vérité qu'après des efforts plus ou moins longs. Elle ne s'offre plus à nous immédiatement; il faut en rechercher les élémens dans deux ou plusieurs jugemens, dont la généralité contient la vérité particulière dont nous avons besoin. Et quand enfin elle se révèle à nous, ce n'est plus avec une évidence pleine et achevée, elle est susceptible de plus et de moins, elle a ses obscurcissemens, et varie pour ainsi dire avec les lumières de ceux qui la cherchent.

Enfin, par un procédé inverse de celui que nous venons de décrire, il arrive que nous concluons, non plus du général au particulier, mais du particulier au général, et que la comparaison d'un certain nombre de cas individuels marqués d'un caractère commun, nous conduit à douer d'avance de ce même caractère, tous les cas semblables qui pourroient se présenter, et un fait particulier devient ainsi pour nous loi générale de la nature.

Telles sont les trois sortes d'évidence qui éclairent la raison. La première s'appelle *intuitive ;* la seconde est *l'évidence déductive* ou *de raisonnement ;* la troisième a reçu de Bacon le nom *d'évidence d'induction.*

La division générale de l'ouvrage étoit naturellement indiquée par celle des objets dont il traite. L'auteur l'a donc partagé en trois chapitres. Cet ordre, qui ne donne rien à l'arbitraire, est aussi remarquable par sa profondeur que par sa simplicité. C'est à M. Dugald Stewart qu'on doit de l'avoir introduit le premier, et il mérite de faire loi désormais pour toutes les logiques. Quelles vérités en effet ne rentrent pas dans cette division ? Comment l'augmenter ou la réduire ?

Les vérités d'une évidence intuitive ont pour caractère la nécessité et l'universalité. Sans la conviction préalable de ces vérités nulle croyance n'est possible à l'homme, et tout s'anéantit pour lui, jusqu'à sa propre existence. L'idée de notre existence personnelle, celle de l'existence du monde extérieur, celle du temps et de l'espace, les axiômes mathématiques, etc., sont les plus importantes de ces croyances. Elles ont toutes ceci, suivant M. Dugald Stewart, qu'elles ne se rapportent à aucun principe supérieur, et se légitiment par leur propre autorité. Ce sont ces vérités qui, acquises sans étude, et communes à tous, constituent ce qu'on nomme le sens commun.

J'ai dit qu'elles ne sont déduites d'aucune autre vérité, j'ajoute qu'aucune vérité ne sauroit non plus en être déduite, et qu'elles sont ainsi à elles-mêmes leur principe et leur fin. On les retrouve au commencement de toutes les sciences, mais seulement comme des données préliminaires, comme des conditions indispensables de la vérité de tout ce qu'on pourra établir. Mêlées ainsi à toutes nos pensées, à tous nos actes, elles ne sont plus pour nous de simples vérités, mais les lois nécessaires de notre croyance, les élémens de notre raison, les formes mêmes de notre esprit.

Après ces vérités qui devoient occuper la première place dans la logique, comme elles l'occupent dans l'esprit humain, l'auteur traite de l'évidence qui naît du raisonnement. On voit moins clairement quel motif l'a décidé à placer ce chapitre avant celui de l'évidence inductive. Peut-être l'ordre naturel demandoit-il qu'avant de considérer comment des vérités particulières se déduisent de vérités générales, il exposât par quel procédé on peut s'élever légitimement des faits individuels aux résultats généraux. L'usage plus que la méthode semble avoir dans cette occasion décidé de l'ordre des matières.

Il n'est pas besoin d'expliquer ici ce que c'est que raisonner. Pendant long-temps la théorie du syllogisme et de ses formes diverses a rempli presqu'à elle seule les livres de logique. Mais ce qui mérite d'être remarqué, c'est que M. Dugald Stewart, d'accord sur ce point avec Locke, ne voit encore dans le raisonnement que l'intuition. Seulement les conditions de son exercice ont changé. Il ne suffit plus que la vérité soit exprimée pour qu'elle soit admise : il faut comparer et conclure; alors l'intuition s'en saisit. Mais son évidence n'est plus irrésistible, parce que, quoique vraie en elle et par elle, elle ne l'est pour nous que dans son rapport avec une vérité générale, et que ce rapport peut n'être qu'apparent, et que cette vérité générale peut être fausse. Les sciences mathématiques seules participent à l'évidence intuitive, parce que d'un côté leurs principes ne peuvent être faux, et que de l'autre la simplicité extrême des idées et la précision du langage s'opposent aisément à l'erreur dans la recherche du rapport des vérités particulières aux principes.

On a souvent cherché d'où vient aux mathématiques le privilège exclusif d'une certitude démonstrative, dans le sens propre et absolu de ce mot. Les uns l'ont attribué à l'avantage d'avoir pour principe des axiômes dont l'évidence intuitive se communiquoit à toute la suite des conséquences; les autres, à cette circonstance que tout raisonnement mathématique peut se résoudre dans des propositions identiques. Mais il a déjà été établi contre les premiers que les axiômes ne peuvent être principes d'aucune science, non plus que toute autre vérité intuitive. Enfin, elle ne naît pas davantage de la circonstance dont Locke la fait dépendre, savoir: que chaque pas du raisonnement nous offre une connoissance intuitive. Car cette condition n'est pas moins nécessaire pour la validité de tout autre raisonnement, et l'on avoue que l'évidence mathématique est marquée d'un caractère particulier.

Oui, pour obtenir l'évidence dans les mathématiques, il faut que certains axiômes soient préalablement reconnus, il faut que chaque proposition particulière dont se compose le raisonnement, soit d'une évidence intuitive, il faut même que ces propositions aient entre elles ce rapport qu'à tort ou à droit on a nommé d'identité, mais il n'y a rien là qui ne soit tout aussi indispensable dans les autres sciences. Ce qui distingue le raisonnement mathématique, ce qui change la simple évidence en démonstration, c'est que les principes sur lesquels se fonde cette science ne sont point des faits que l'on puisse même avoir la seule idée d'attaquer, mais de simples définitions, de pures hypothèses, données et acceptées pour telles, et par-là à jamais inattaquables et en elles-mêmes et dans toutes les conséquences qu'on peut légitimement en déduire.

Ainsi donc c'est aux définitions que la

science mathématique doit son infaillibilité, non pas à ces définitions par lesquelles le grammairien explique nettement le sens qu'on attache aux termes, et que l'on est en droit d'exiger de toutes les sciences, mais à ces définitions qui ne sont autre chose que des hypothèses, et supposent l'existence de certains faits qu'elles décrivent. Distinction importante, dont l'oubli a conduit Condillac jusqu'à prétendre qu'il suffisoit d'une langue bien faite pour douer une science quelconqne de la rigueur mathématique.

Hors des sciences exactes, l'évidence déductive perd son caractère absolu, et n'est plus que probabilité aux yeux du philosophe. Mais depuis la simple probabilité, dans le sens ordinaire du mot, jusqu'à la plus haute certitude morale et l'intime conviction, l'intervalle est infini, et c'est aux divers degrés de cette immense échelle que se placent les vérités contingentes, et à leur tête celles qui sont le plus mêlées de mathématiques, comme la mécanique, la dioptrique, etc. L'expérience qui conclut du même au même; l'analogie qui n'est que l'expérience aggrandie, et qui dans un même genre conclut de l'espèce à l'espèce; enfin le témoignage qui, lorsqu'il a subi certaines épreuves, est pour nous une autre expérience, sont les trois grandes autorités qui consacrent les vérités de déduction.

On vient de voir comment des idées particulières se déduisent d'idées plus générales, où elles étoient implicitement contenues. Mais ces idées générales elles-mêmes, comment sont-elles formées? Quelques-unes peuvent bien n'être non plus que des déductions de vérités plus hautes, conséquences elles-mêmes de principes supérieurs. Mais les principes vraiment primitifs, ceux que le raisonnement ne sauroit déduire d'une idée plus générale qui n'existe pas, comment naissent-ils pour nous? Aurons-nous recours à l'intuition? Mais nous cherchons des principes, et le caractère des vérités intuitives est précisément de n'être pas des principes. Ici se place la méthode de recherche qu'on nomme induction, et qui compose la troisième partie de cette logique.

Aristote avoit parlé dans sa logique d'une sorte d'induction, mais vaine et stérile, dont l'unique objet est d'affirmer de plusieurs individus réunis sous un nom collectif une qualité reconnue d'abord dans chacun d'eux séparément. L'induction que Galilée et Copernic avoient suivie dans leurs recherches, et que Bacon érigea en doctrine, est féconde. Elle s'élève par une marche lente et prudente des faits particuliers aux résultats généraux, et une fois à cette hauteur, confiante dans la stabilité de l'ordre du monde, elle prononce synthétiquement et à priori sur tous les faits de la même espèce que les temps et les pays divers peuvent offrir.

L'induction a deux instrumens principaux de découvertes : l'observation, et l'expérience, non pas celle qui se confie au hasard du soin de lui dévoiler les causes ou les effets, mais celle qui sollicite la nature par ses tentatives répétées, entre pour ainsi dire en lutte avec elle, et la poursuit dans ses transformations jusqu'à ce qu'elle obtienne son secret. L'analyse par des épreuves diverses épure de tout alliage les faits particuliers que la synthèse réunit en un fait général. Les faits généraux une fois établis se placent à la tête des sciences comme leurs principes, et les phénomènes divers se rangent dans un ordre qu'il faut se garder de confondre avec le produit des hypothèses même les plus brillantes, puisque celles-ci sont le fruit de l'imagination, et que les principes inductifs sont l'expression même des faits. Non pas que l'hypothèse ne puisse être admise comme moyen de recherche. Comment défendre à l'homme de génie, en vue de certains faits, de prévoir au-delà, et de compléter par la force de la pensée ce que l'expérience ne lui a encore révélé qu'à demi? L'hypothèse ainsi conçue est plutôt une divination de la vérité, une explication synthétique que sanctionnera l'examen postérieur des faits particuliers. Et se trouvât-elle fausse, elle auroit encore l'avantage d'avoir montré une foule de vérités de détails, en ordonnant les faits dans de certains rapports. Ce seroit du moins une épreuve utile, un pas de plus vers le but. Car entre l'ignorance et la science, il y a les divagations, les tâtonnemens, les erreurs, et il faut s'attendre à acheter de plus d'une méprise la découverte de la vérité.

Si la méthode inductive s'appuie quelquefois de l'hypothèse, à plus forte raison admettra-t-elle l'analogie qui est aussi une hypothèse, mais fondée sur des conjectures qui s'élèvent presque à la certitude.

Enfin elle adoptera comme un guide utile et trop long-temps désavoué par les philosophes, la considération des causes finales, renvoyée par Descartes et par toute l'école française à la seule théologie. Ici se termine l'exposition de la méthode inductive, et l'ouvrage de M. Dugald Stewart.

Mais la théorie du syllogisme, où tant d'esprits sont encore habitués à voir toute la logique, que devient-elle? M. Dugald Stewart en parle à peine, et pour en montrer le vide et même le danger. Il déclare que cette théorie si vantée, ces divisions du raisonnement en quatre figures, ces formes syllogistiques où la scholastique s'est agitée si long-temps, sont souvent puériles, toujours stériles, et bonnes tout au plus pour les discussions où l'on cherche moins la vérité que la victoire. Il pense qu'il est rare qu'un homme sensé ne saisisse pas, sans connoissance des formules, le vice d'un raisonnement, quand tous les mots ont pour lui un sens précis. Cette intelligence exacte de chaque terme lui paroît la seule condition nécessaire pour bien raisonner, et il remarque que la syllogistique suppose précisément comme accompli ce même point, le plus difficile de tous et le seul important. Certes, la philosophie a des grâces à rendre à celui qui la dégage ainsi du pédantisme des formules magistrales, et l'on ne peut que s'unir à lui pour souhaiter que l'enseignement philosophique, affranchi de la barbarie scholastique, n'offre plus que l'étude vraie de l'esprit humain, et la recherche éclairée de la vérité.

Mais parmi les excellens préceptes qui distinguent cette logique, il se trouve nécessairement quelques points obscurs ou susceptibles de controverse. J'ai cru qu'il ne seroit pas hors de propos de les signaler ici au lecteur, et de les éclaircir par de plus longs développemens, ou en indiquant les solutions plus précises qui en ont été données.

Ma première remarque portera sur la description d'un fait important de psychologie.

M. Dugald Stewart, en citant un certain nombre de vérités intuitives, arrive à l'idée de notre existence personnelle (1), et s'attache à montrer, d'une manière fort évidente, ce me semble, l'inutilité des efforts de ceux qui ont tenté d'expliquer la croyance à notre existence propre par quelque autre loi plus générale, sans songer que tout jugement naît de la réflexion, et que tout acte réflexif implique déjà la conviction de notre existence comme êtres réfléchissans. Mais, sans tomber dans le paralogisme qu'il leur reproche avec tant de raison, et tout en acceptant ce fait comme le vrai fondement et le seul point de départ légitime

(1) Chap. 1. Section II. page 27.

de toute étude psychologique, n'est-il pas du devoir du philosophe de rechercher avec quelles circonstances ce fait se produit. M. Dugald Stewart n'a point méconnu combien est importante pour la science l'exacte détermination de ce point. Il établit que la connoissance de notre existence propre naît pour nous du premier fait de conscience en même temps que la connoissance du monde extérieur. Mais, considérant que nous ne pouvons saisir notre existence que par une sorte d'induction du connu à l'inconnu, et comme le terme nécessaire d'un rapport dont la sensation est le terme premier, il conclut que cette sensation seule est l'objet immédiat de la conscience, et que la connoissance de notre existence propre n'est, à vrai dire, qu'un jugement qui l'accompagne.

Sans affirmer, comme M. Dugald-Stewart, que notre existence, telle qu'il l'entend, c'est-à-dire, prise substantiellement, n'est pour nous qu'un simple objet de croyance, fruit d'un jugement, nous croyons avec lui qu'elle ne se révèle point à nous immédiatement, du moins d'une manière distincte. Mais, sans incidenter sur ce point, on peut demander si l'analyse qu'il donne du premier fait de conscience est vraiment complète, et si l'observation ne peut y découvrir que les deux seuls élémens qu'il a décrits. M. Dugald Stewart parle de la conscience, sous laquelle tombe immédiatement la sensation. Il parle du jugement qui nous révèle notre existence propre. Mais cette conscience, quelle est-elle en elle-même? Ce jugement, qui est-ce qui le porte, et comment un jugement quelconque peut-il être porté, lorsque la sensation seule s'est produite, et que nous n'existons pas encore pour nous-mêmes? M. Dugald Stewart n'a-t-il pas établi tout à l'heure que tout jugement est un acte réflexif qui implique déjà en nous la conviction de notre existence comme êtres réfléchissans?

C'est qu'outre les deux élémens décrits par M. Dugald Stewart, il en existe encore un troisième, tout aussi réel que les deux autres, et par qui seul les deux autres sont possibles. C'est aussi par ce seul fait que s'expliquent et la conscience et le jugement porté. Or ce fait ainsi passé sous silence, n'est autre que *le moi* lui-même, le Moi qui n'est point l'existence réelle de M. Dugald Stewart, c'est-à-dire la substance; mais qui en émane, qui en est la forme active, et qui s'en distingue, à peu près, comme dans l'acte réflexif du Moi s'observant lui-même, le sujet pensant se distingue du sujet pensé. Or le Moi ne naît pas de la sensation comme son contre-coup; mais à l'occasion d'une impression sensible, la substance passe de l'existence pure à l'acte, et cette force active par laquelle elle se manifeste, cette forme qu'elle revêt, constitue le Moi. Dans ce premier exercice de sa puissance, sollicité par la sensation, par lequel il s'oppose à ce qui n'est pas lui, le Moi se sent, se sait comme cause, et cette science est sa vie même. Et en même temps, il reconnoît qu'une force extérieure, étrangère à lui, limite les développemens de sa propre force, pendant que par là même elle en redouble en lui le sentiment. Ainsi s'établit dans le premier fait de conscience la connoissance claire et distincte du Moi et du non-Moi comme causes opposées, tandis qu'une vue plus obscure, que la réflexion éclaircira, nous montre au-delà de chacune de ces forces, ou plutôt sous chacune d'elles, quelque chose qui est comme le fond même de leur être et qui leur prête la vie; en un mot, ce qu'on appelle la substance.

Telle est du moins la doctrine professée sur ce point par une autre école. Ce que nous venons de dire nous semble suffire pour éclaircir et compléter la pensée de notre auteur. Ceux qui voudront connoître les plus profonds et les plus brillans développemens qui aient été donnés sur ce point, les trouveront dans l'argument placé par M. Cousin à la tête de sa traduction de l'Alcibiade premier (1).

Le second point sur lequel j'appellerai l'attention du lecteur, est celui de l'identité considérée comme principe de l'évidence.

Leibnitz le premier avoit établi que l'évidence mathématique se résout en dernière analyse dans la perception de l'identité. Cette doctrine reçut de la philosophie du siècle passé une application plus étendue; tous les jugemens de l'esprit humain, toutes les propositions qui les expriment, furent assimilés à des équations; le principe de l'identité passa des mathématiques dans toutes les autres sciences, et Condillac a résumé sur ce point la doctrine de son école en disant : Tout le système des connoissances humaines peut être rendu par une expression

(1) Œuvres de Platon, tome V, page 6 et suiv.

abrégée, et tout-à-fait identique : les sensations sont des sensations.

M. Dugald Stewart s'élève contre cette théorie où il ne voit que l'abus d'un principe déjà faux en lui-même; mais il ne l'attaque qu'en passant, et ne s'attache vraiment à le réfuter que dans son rapport avec la démonstration mathématique. Il m'a paru qu'une question si intimément liée à la logique réclamoit un examen plus long et plus complet; je joins donc ici à la réfutation de l'auteur écossais, l'opinion de Kant sur le même sujet. La doctrine de l'un et de l'autre est la même; seulement celle du philosophe allemand est énoncée en termes plus explicites et avec des développemens qu'on regrette de ne pas trouver dans l'ouvrage de M. Dugald Stewart.

Est-il vrai que toute proposition soit une véritable équation, dont les termes sont identiques, et que l'évidence naisse de la perception de cette identité? Avant d'examiner cette question en elle-même, commençons par une distinction importante qui en facilitera la solution, et qui semble avoir échappé aux partisans de l'identité : c'est, qu'il faut se garder de confondre la nature de nos jugemens et la nature des vérités, objets de nos jugemens. Les vérités considérées hors de l'esprit humain n'étant que l'existence affirmée d'elle-même, offrent une équation parfaite entre l'affirmation et son objet qui peut se représenter par la formule A=A. Mais outre cette identité des vérités considérées en elles-mêmes et comme substantiellement, il est une autre identité toute logique, qui naît à propos de la première, et qui existe, non plus dans les choses mêmes, mais dans les idées de ces choses perçues par l'esprit. Kant, dans son langage quelquefois bizarre, mais clair et précis, a fixé cette distinction. Il nomme la première identité matérielle, et comme chez lui le mot forme s'applique à tout ce qui tient à l'esprit, il donne à la seconde le nom d'identité formelle. On comprend que dans une question, toute de logique, l'identité formelle est la seule dont on puisse parler. Ce dont il s'agit ici, est donc de savoir : si l'identité qui se trouve dans les choses se reproduit nécessairement dans les jugemens ; en d'autres termes, si l'identité dans les idées est réellement la loi de toute proposition.

Cette question, ainsi que je l'ai dit, a été traitée à fond par Kant, dans les Prolégomènes de la critique de la raison pure.

Il commence par distinguer deux sortes de jugemens, parce qu'il distingue deux sortes de rapports, et que tout jugement est l'expression du rapport d'un attribut à un sujet. Tantôt le rapport nous montre l'attribut comme inhérent au sujet, comme renfermé logiquement et nécessairement dans l'idée du sujet, en sorte que quand on exprime ce rapport, on n'exprime pas deux connoissances, mais on présente deux points de vue ou deux formes d'une même conception. Ainsi, quand vous dites : Tous les corps sont étendus, vous exprimez, si l'on veut, deux idées ; mais comme il est impossible de concevoir l'idée de corps sans celle d'étendue, ni l'idée d'étendue sans celle de corps, vous n'acquérez point une nouvelle connoissance, vous ne faites que constater ou développer celle que vous aviez déjà. Dans les jugemens de cette sorte, on tire la partie du tout, on va du même au même, suivant le principe de contradiction.

Mais il existe des jugemens d'une autre sorte, parce qu'il existe une autre sorte de rapports. Ce sont ceux dans lesquels nous rapportons au sujet un attribut qui n'y est point nécessairement et logiquement renfermé. Nous n'exprimons plus alors deux points de vue de la même connoissance, ou la même connoissance sous deux formes; nous exprimons une nouvelle connoissance;

nous ajoutons à la notion du sujet une notion nouvelle qu'elle ne contenoit pas. Ainsi, quand je dis : Tous les corps sont pesans, j'ajoute au sujet corps un attribut qu'il ne renferme pas logiquement. En vain j'analyserai et je décomposerai le sujet, la notion de pesanteur ne sortira pas de la notion de corps comme partie intégrante et constitutive. Ce rapport n'est donc plus identique comme le premier. Un des termes étant donné, l'autre n'est pas supposé nécessairement.

Kant appelle analytiques les jugemens qui affirment le même du même, parce qu'en effet il suffit de décomposer un des termes du rapport pour en tirer l'autre et pour avoir par conséquent et le rapport et le jugement, expression du rapport. Il appelle synthétiques les jugemens qui affirment d'un sujet un attribut qui n'y est pas nécessairement contenu, parce que, pour trouver ce rapport, il ne s'agit plus d'analyser un des termes, mais il faut joindre ensemble deux termes logiquement indépendans, et ainsi faire un assemblage ou une synthèse de deux conceptions ou de deux notions isolées auparavant.

Nous pouvons maintenant répondre à la question que nous avons posée, et, d'après cette distinction de nos jugemens en deux classes, affirmer que les propositions analytiques sont les seules qu'on ait droit de nommer identiques.

Si de ces considérations générales nous descendons à la question particulière de l'identité des propositions mathématiques, nous n'avons pour la résoudre qu'à examiner dans laquelle des deux divisions on peut les faire rentrer, et si elles sont analytiques ou synthétiques. Et d'abord, au sujet de la géométrie qui travaille sur des figures déterminées par les définitions et recherche leurs propriétés diverses et leurs rapports entr'elles, il faut reconnoître que ces propriétés et ces rapports, tout essentiels qu'ils sont à ces figures, n'entrent pas tous pour nous comme élémens intégrans et constitutifs dans l'idée que nous en avons. Sans doute chacune des propositions qui expriment un des cas particuliers d'une figure mathématique étoit implicitement contenue dans la définition de cette figure ; mais nous n'en avons pas moins besoin d'un travail souvent très-long pour l'en faire sortir ; et quand le raisonnement nous en a rendus maîtres, alors nous disons avec vérité que nous avons acquis une connoissance nouvelle. L'identité n'est donc pas la loi de toute proposition géométrique.

Elle ne l'est pas davantage des propositions arithmétiques. Kant s'est attaché à faire ressortir cette vérité. Mais nous ne reproduirons pas ici ses raisonnemens, assez difficiles à saisir parce qu'ils ne portent que sur les nombres considérés en eux-mêmes et abstraitement. Il a négligé le côté logique de la question le plus utile peut-être et le plus intéressant à la fois. Il ne fait pas remarquer le rapport particulier de l'esprit humain avec les nombres qui n'existent qu'en lui, et cette puissance singulière par laquelle, sans autre donnée que la conscience de son unité propre, il enfante une science entière qui se mêle à toutes les autres et sans laquelle aucune d'elles ne serait possible. En effet, il est évident que les nombres ne sont en réalité que des créations de notre esprit, de pures appellations verbales. Il n'existe dans la nature que des individus, tous détachés les uns des autres. Mais il se trouve que l'esprit humain possède en lui une force qui étant une elle-même, peut réunir ces individus épars, les combiner ensemble, les représenter par un seul nom, et, imposant ainsi au monde extérieur sa propre forme, changer pour lui-même le multiple dans l'unité. Ces unités fictives, créées par sa seule puissance, il peut à leur tour les combiner elles-mêmes entre elles, comme il combinoit les élémens dont il les a formées, et ainsi dans une progression infinie. Les propositions arithmétiques nous représentent ces unités fictives ou dans leur rapport avec l'unité simple et réelle, ou dans leurs rapports entre elles. Si nous y cherchons l'identité matérielle, elles nous l'offrent évidemment, puisqu'elles affirment une même quantité sous deux expressions équivalentes, 12 arbres, par exemple, sous les appellations de 7+5 et de 12. Mais quelle identité logique existe-t-il entre deux expressions également créées par l'esprit, et comment seroit-il permis de dire que la connoissance des deux premières appellations 7 et 5 entraîne nécessairement la connoissance de la troisième, 12.

Ainsi donc, en résumé, l'identité doit être considérée de deux manières : ou dans les choses en elles-mêmes, c'est l'identité matérielle ; ou dans l'esprit qui la perçoit, c'est l'identité formelle. Quant à la première, la logique n'a pas à s'en occuper; et sur la seconde il demeure établi qu'il n'est pas vrai qu'elle se trouve dans toutes les propositions; que celles-là seulement peuvent êtres dites identiques qui expriment un rapport où l'attribut est tellement inhérent au sujet, qu'il en est partie intégrante, et n'offre que la même conception sous une autre forme; enfin que ni les propositions géométriques ni les propositions arithmétiques n'appartiennent à cette dernière classe et n'empruntent par conséquent, comme le prétend Leibnitz, leur évidence à l'identité.

Mais notre discussion ne seroit pas complète si nous n'ajoutions encore quelques mots sur une autre application de la même doctrine qui se rattache plus particulièrement au sujet traité par M. Dugald Stewart. Il s'agit de l'identité dans le raisonnement.

Nous avons vu que, selon Condillac, l'évidence d'une proposition dépend de la perception de l'identité qui unit les termes de cette proposition. Mais dans un raisonnement, l'évidence de la conclusion ne dépend pas seulement de l'évidence de chaque proposition particulière. Il faut encore qu'elles s'enchaînent entre elles dans un ordre rigoureux ; et comment serons-nous assurés que cette dernière condition est remplie ? Par la perception de l'identité, répond Condillac. L'évidence en aucun cas ne sauroit avoir d'autre fondement ; et puisqu'ici vous avez besoin d'une double évidence, il faudra non-seulement que chaque proposition prise séparément soit identique dans ses termes, mais que toutes considérées à leur tour comme termes du raisonnement soient identiques entre elles.

Les développemens dans lesquels nous sommes entrés sur l'identité dans les propositions, et qui trouvent encore ici leur application, nous permettent de ne faire qu'une courte réponse : Tout raisonnement a pour but de prouver une vérité qui n'est pas évidente par elle-même, en montrant qu'elle n'est qu'un des cas particuliers d'une vérité plus générale déjà admise. Les propositions placées entre la majeure et la conclusion sont destinées à faire ressortir la liaison des deux extrêmes, tantôt en offrant la même idée sur des mots différens, tantôt en rapportant une espèce à un genre. Ces propositions intermédiaires doivent à la fois rappeler la proposition qui précède, et préparer celle qui suit. Sans doute un étroit rapport les rattache les unes aux autres; cependant il faut que chacune d'elles, à moins d'offrir une vaine tautologie, apporte à l'esprit une idée distincte, lui montre un rapport nouveau, et le fasse ainsi avancer d'un pas vers la vérité qu'il cherche.

Concluons donc, en embrasssant dans notre conclusion les raisonnemens mathématiques qu'aucun procédé particulier de l'esprit ne distingue de ceux des autres sciences, que ce n'est point sans une véritable méprise qu'on a pu dire que les diverses propositions d'un raisonnement doivent être unies par l'identité, et que l'erreur qui a confondu la nature des vérités et celle des jugemens qui les affirment a pu seule faire naître une théorie dont les mots d'*identité partielle* font encore mieux ressortir le défaut, en cherchant à le déguiser.

Le dernier point sur lequel je m'arrêterai est celui des vérités intuitives.

M. Dugald Stewart, en recherchant de combien de manières la raison parvient à connoître, place en premier lieu l'intuition qui saisit immédiatement certaines vérités évidentes de soi, et dont rien ne peut détruire en nous la conviction. Mais ces vérités, il ne s'attache pas à les étudier en elles-mêmes; il n'en donne ni l'énumération exacte ni la classification logique. Il lui suffit pour le but qu'il se propose dans cet ouvrage, d'avoir constaté qu'il existe une espèce d'évidence telle qu'elle s'empare d'abord et nécessairement de l'esprit. Sur ce point il n'a pas de règle à établir, de méthode à conseiller, puisque cette évidence est involontaire et irrésistible, puisqu'elle se fait en nous, et que nous ne la faisons pas. Il se contente donc de remarquer ce caractère singulier, puis il passe aussitôt à une propriété importante qu'on lui a attribuée, et dont l'examen rentre pleinement dans l'objet de ses recherches; je veux dire celle d'être les principes des vérités déductives, et par là même le fondement de la seconde espèce d'évidence, ou de l'évidence de déduction.

Mais si l'on peut expliquer comment M. Dugald Stewart insiste peu sur un ordre entier d'idées si distinctes de toutes les autres par leur origine et par leurs caractères, cependant il ne sera pas déplacé d'entrer dans quelques détails sur ce point important qui reste un peu obscur dans son ouvrage, faute de développemens. Mais l'étendue même de la question me force de me borner à quelques indications succinctes.

Il est reconnu par M. Dugald Stewart qu'il existe des vérités rationnelles immédiates. Mais quelles sont au juste ces idées? Au lieu d'en désigner quelques-unes au hasard, ne seroit-il pas possible d'en dresser une liste exacte. Ne seroit-ce pas à la fois une satisfaction et un avantage pour l'esprit de les connoître toutes, si elles peuvent se compter, et de savoir précisément quel est leur rôle dans nos conceptions. C'est encore dans les ouvrages de Kant que je prendrai une réponse à ces questions, en répétant que mon but est plutôt de donner des indications à ceux qui dirigeroient leur attention vers cette partie de la science, que d'exposer un système qui fait à lui seul le sujet de tout un ouvrage.

M. Dugald Stewart, en considérant comment les vérités intuitives se mêlent intimément à toutes nos pensées et influent sur toutes nos actions, remarque qu'elles paroissent plutôt les élémens constitutifs de notre raison que des objets avec lesquels elle communique. Kant établit en fait ce qui n'est qu'une apparence pour M. Dugald Stewart, et il déclare positivement que ce ne sont pas là des vérités extérieures à nous, mais les formes mêmes de notre esprit, inséparables de ses facultés diverses qui ne perçoivent les objets de nos connoissances que modifiés par ces formes essentielles; comme le moule, s'il étoit doué d'aperception, ne pourroit jamais voir la cire à laquelle il s'applique que marquée de l'empreinte qu'elle reçoit de lui.

Selon Kant, nous avons trois facultés, ou moyens de connoître :

1.° *La sensibilité*, ou la capacité passive de recevoir des impressions immédiates des objets sensibles.

2.° *L'entendement*, ou la faculté de réunir diverses impressions et d'en former des conceptions ou idées générales; ou bien encore de former une conception plus générale de diverses conceptions particulières.

3.° *La raison*, ou la faculté de déduire des conséquences particulières de principes généraux, et des conséquences générales de principes d'une généralité absolue.

Or chacune de ces trois facultés possède en soi certaines formes dont elle empreint nécessairement les objets auxquels elle s'applique, et qu'elle perçoit par là, non pas tels qu'ils sont réellement, mais modifiés par les lois de son aperception.

Ainsi, pour la sensibilité, il nous est impossible d'avoir aucune perception des objets sensibles sans qu'à chacune d'elles se joignent l'idée du temps et l'idée d'espace. Tout ce que les sens nous révèlent nous apparoît dans le temps et dans l'espace. Le temps et l'espace sont donc les deux formes nécessaires de la sensibilité.

Les formes de l'entendement sont plus nombreuses et plus difficiles à distinguer. Nous allons considérer cette faculté dans ses actes, qui sont les jugemens, et les formes de nos jugemens nous donneront les formes de notre entendement.

Or ce que l'analyse découvre de général dans tout jugement, se réduit :

1.° A l'étendue de ce jugement, c'est-à-dire, à la quantité qu'il embrasse.

2.° A la qualification de la chose, objet du jugement.

3.° A la relation qui existe entre les objets rapprochés par le jugement.

4.° A la relation entre le jugement même et l'entendement qui juge, c'est-à-dire, à la manière dont l'esprit conçoit l'existence des rapports, objets du jugement, ce que Kant appelle *modalité*.

Ainsi, en faisant abstraction dans tout jugement de ce qui en fait la matière, il reste quatre formes ou modes de la pensée : *La quantité*, *la qualité*, *la relation*, *la modalité*.

De plus, chacune de ces classes de jugemens se divise en trois classes particulières dont chacune à son tour repose sur une conception fondamentale, ou catégorie comme parle Kant, qui préexiste aussi dans l'esprit, qui en est la forme primitive, et par laquelle seule chacun des jugemens particuliers d'une classe est rendu possible.

Ainsi les jugemens de quantité se divisent en : 1.° Jugemens individuels ; 2.° pluriels ; 3.° généraux.

Ces trois sortes de jugemens supposent en nous les conceptions primitives ou *pures* d'*unité*, de *pluralité*, de *totalité*.

Dans les jugemens de qualité, ou on affirme directement une qualité du sujet, ou on la nie directement, ou on l'affirme indirectement en niant la proposition contraire, comme lorsqu'on dit : l'âme n'est pas mortelle. Ce qui donne lieu à trois sortes de jugemens : 1.° affirmatifs; 2.° négatifs; 3.° jugemens que Kant nomme déterminatifs. Ces jugemens supposent dans l'entendement un nombre égal de formes inhérentes à son être, ou trois conceptions *pures* qui sont celles de *réalité*, de *négation*, de *détermination*.

Dans la catégorie de relation, ou l'on énonce un attribut comme existant dans le sujet, ou on lie une proposition comme conséquence à une autre considérée comme principe, sans s'occuper de la réalité de chaque proposition prise séparément, comme lorsqu'on dit : si l'homme est libre, il doit répondre de ses actions. Ou on rapproche deux ou plusieurs propositions, non plus comme se déduisant l'une de l'autre, mais comme s'excluant mutuellement, de sorte que l'une étant démontrée fausse, l'autre par là même se trouve démontrée vraie, et réciproquement.

Les premiers de ces jugemens sont appelés par Kant positifs ; les seconds, hypothétiques ; les derniers, disjonctifs ou réciproques. Ils supposent en nous les trois conceptions pures de *substance*, de *cause*, de *réciprocité*.

Dans la catégorie de modalité : 1.° Les choses sont considérées simplement comme possibles. 2.° Elles sont affirmées ou niées comme existant effectivement. 3.° Elles sont affirmées ou niées comme nécessaires. De là les jugemens *problématiques*, *assertoriques*, et *apodectiques* ou *démonstratifs* qui supposent dans l'esprit les trois conceptions pures de *possibilité*, d'*existence* et de *nécessité*.

Là finissent avec les formes possibles du jugement les conceptions pures de l'entendement. Elles sont au nombre de douze.

La dernière faculté, qui est la raison, n'en a qu'une seule : c'est la *généralité absolue*. Comme elle a besoin des principes les plus généraux pour en déduire des conséquences, elle remonte sans cesse de l'effet à la cause, jusqu'à ce qu'elle arrive à un principe tellement général, qu'il ne dépende absolument d'aucun autre. Or elle ne peut concevoir ce caractère dans un principe, sans avoir antérieurement en elle l'idée de l'*absolu*, de l'*inconditionnel*.

En ajoutant aux douze catégories de l'entendement les deux catégories de la sensibilité, et la catégorie unique de la raison, nous trouvons quinze lois de croyance que M. Dugald Stewart appelle vérités intuitives, que Kant déclare être des formes de l'esprit, et d'où naissent pour nous quinze idées distinctes qui ne nous viennent pas par les sens.

Telle est, dans ses divisions les plus générales, l'opinion de Kant sur la nature d'un certain nombre de nos idées. Nous n'avons point ici à examiner un système qui regarde comme inhérent à l'esprit humain lui-même, ce qu'on avoit jusqu'alors considéré comme extérieur à lui. Il nous suffit que les idées qu'il énumère se trouvent réellement dans notre esprit, qu'aucune d'elles ne puisse être considérée comme née de la sensation, enfin qu'aucune vérité de la même espèce n'ait été oubliée dans cette énumération.

Nous avons donc la liste complète des vérités intuitives dont M. Dugald Stewart ne nous avoit cité que quelques-unes au hasard. Mais ne seroit-il pas possible de faire encore un pas de plus? Ces idées sont-elles toutes également primitives, et cette liste ne peut-elle être réduite? Dans l'état d'un entier développement de l'esprit, elles sont distinctes entre elles, il est vrai; mais si l'on s'attachoit à faire leur histoire, ne la verroit-on pas se produire dans une succession qui peut-être seroit une véritable filiation? Il est nécessaire sans doute, pour donner le tableau complet des formes que peut prendre la pensée, de distinguer ce qui paroît le plus semblable au premier coup-d'œil. Mais combien seroit utile à son tour le travail contraire, si sous la distinction extérieure qui isole ces idées, on découvroit un lien commun qui les rattache, et la simplicité d'un très-petit nombre de principes soutenant et animant ces formes si nombreuses : de sorte qu'on sentît partout plus vivement la vie et l'action de l'esprit qui dans le système de Kant est étouffé plutôt qu'aidé par les formes mortes qui lui sont imposées.

Cette réduction a été l'objet de plusieurs leçons faites par M. Cousin, à la Faculté des lettres de Paris, à propos d'une exposition critique de l'ouvrage de Kant. M. Cousin partant de cette idée par lui établie, et que j'ai exposée ci-dessus, que le premier fait de la conscience nous révèle à la fois le Moi et le Non-Moi, dans leur opposition comme causes, et la substance elle-même par une aperception tout aussi réelle quoique plus obscure, c'est-à-dire, en d'autres termes, l'homme, le monde et Dieu par qui vivent l'homme et le monde, en conclut naturellement que la réflexion et le travail indéfini de la pensée ne pourra qu'éclaircir pour l'homme les faits compris dans cette vue première, sans découvrir un seul élément nouveau. Ainsi toutes les conceptions possibles de l'esprit ne peuvent être que des développemens, des combinaisons, des transformations variées à l'infini de ces conceptions primitives qui se réduisent, comme nous l'avons vu, à l'idée de cause et à l'idée de substance. La cause et la substance, voilà le double principe d'où sort toute vérité, et où toute vérité se ramène. C'est en se plaçant à cette hauteur que l'on s'aperçoit que la plupart des idées primitives de Kant, que toutes, excepté deux, bien que réellement distinctes si on les considère extérieurement, ne sont et ne peuvent être que des développemens de principes supérieurs, et que si le philosophe allemand a décrit fidèlement l'état actuel de l'esprit humain, il lui a manqué de savoir le rattacher à un état primitif plus simple qui le contient et qui l'explique. Si je n'avois déjà dépassé les bornes d'une préface, j'aurois essayé de donner cette réduction et de montrer comment se ramènent logiquement à l'idée de substance les idées d'existence, de réalité, de possibilité, celle de nécessité, celle d'unité, celles du temps et de l'espace, celles de l'affirmation, de la négation, de la détermination, et comment l'idée de cause une et individuelle contient en soi les idées de pluralité, de totalité et de réciprocité. J'aurois pu aussi montrer dans quel ordre ces idées se produisent successivement en nous, et faire ainsi l'histoire de leur développement ; j'espère du moins que ces indications, tout incomplètes qu'elles sont, ne paroîtront pas inutiles à ceux qui cherchent de nouvelles lumières sur ce point important, si long-temps et si vivement débattu.

Je finirai par quelques mots sur le caractère particulier qui distingue cette logique et sur les changemens que j'ai cru devoir faire subir dans la traduction à l'ouvrage original.

M. Dugald Stewart est un des membres les plus distingués de cette école écossaise qui s'est perpétuée avec gloire depuis Reid jusqu'à nos jours, et qui entreprit, en opposition aux idées sceptiques de Hume et de Berkeley, de légitimer les notions du sens commun, et de les développer en doctrine; école sans faste, mais non pas sans génie, et qui compense par la simplicité d'exposition, par l'excellence de ses intentions morales et ses leçons d'utilité pratique, ce qui lui manque peut-être du côté de la profondeur systématique et de la rigueur des formes. M. Dugald Stewart, dans sa logique, offre ces divers caractères. On ne trouve pas dans son style cette austérité qui effraye sans doute ceux qui ne veulent que s'approcher des matières philosophiques, mais qui plait aux esprits disposés à une étude profonde, parce que l'attention en est plus fortement excitée, et que les formes du langage, quoique plus obscures au premier aspect, comme toute langue spéciale, sont pourtant plus expressives et plus claires, quand on est en possession des idées qu'elles représentent. M. Dugald Stewart s'applique à tout ramener à l'expression la plus généralement reçue, et son idée en contracte quelquefois un peu de vague : disons que quelquefois aussi son expression fait découvrir alors le vague de sa pensée. Avec une circonspection aussi calme dans l'expression du fond même du sujet que dans le choix des formes, il se garde d'engager son lecteur dans une discussion approfondie de toutes les questions qui se présentent, et d'épuiser la matière. Persuadé que c'est beaucoup d'exposer avec netteté un certain nombre d'idées justes et plus ou moins étendues, il omet exprès certaines questions, se contente pour d'autres d'indiquer les points obscurs; arrivé à une question qui dans le but particulier qu'il se propose lui paroît plus importante, il s'y arrête, la traite dans tous ses détails, en donne une solution plus exacte ou toute nouvelle, et revient à sa démarche calme, à son exposition élégante et facile. Dans ce volume, les points qui sont plus particulièrement pour lui l'objet d'une discussion serrée et animée, sont : la croyance générale que les axiômes et les vérités intuitives sont de véritables principes, féconds en conséquences; le fondement réel de l'évidence mathémaque; la syllogistique d'Aristote. Sur ce sujet d'Aristote, il oublie les formes mesurées sous lesquelles il présente ses opinions les plus arrêtées, et se porte hautement l'adversaire du philosophe grec et de sa théorie. Mais il avoit à la fois à renverser une autorité bien fermement établie, et à en élever une autre à sa place; car s'il veut renverser la logique d'Aristote, c'est pour faire régner celle de Bacon. La troisième partie de son ouvrage est un habile commentaire du *Novum Organon*, enrichi de ce que l'expérience si active et si heureuse des derniers temps a créé de lumières nouvelles. Par là cette méthode prend un caractère particulier qui la distingue de toutes celles que nous possédons; elle s'applique aux sciences mieux encore qu'à la philosophie, et, fidèle à l'esprit de Bacon, elle est plus propre à former le sens scientifique, si je puis ainsi parler, que le sens philosophique. Car, malgré leurs nombreux rapports, je ne crois pas que la méthode qui s'applique à l'étude de l'esprit humain, et celle qu'on emploie dans les sciences physiques, puissent être tout-à-fait confondues. La nature différente des objets sur lesquels elles s'exercent et des données dont elles partent suffit pour les empreindre d'un caractère différent. Les plus heureux efforts des sciences physiques n'ont abouti jusqu'à présent qu'à ramener un grand nombre de faits particuliers à un fait général, dans une ignorance peut-être éternelle de la cause unique ou du petit nombre de causes primitives d'où sortent comme effets tous les phénomènes qui constituent l'état présent de l'univers. Dans l'étude de l'esprit humain, la force une, cause première de tous les phénomènes intellectuels, est saisie dès l'abord par la conscience. La réflexion qui s'y applique ensuite, la distingue encore plus nettement; elle la suit et l'étudie jusque dans les plus foibles mouvemens de son activité : en sorte que, si l'attention savoit se conserver libre des préjugés qui la trompent par avance, des préventions systématiques de toute raison individuelle, et de l'influence de l'extérieur à l'image duquel nous formons le monde intérieur, nous aurions une connoissance entière de l'homme, c'est-à-dire, une histoire exacte et complète du Moi, où l'unité de cause et la multiplicité des actes ou des effets s'enchaîneroit dans l'ordre naturel et réel. Quant à l'induction, si on y a recours dans l'étude de l'esprit humain, c'est surtout pour lier l'état présent au passé et à l'avenir par des conjectures plus ou moins solidement appuyées sur les faits donnés par l'observation. Mais elle ne peut être considérée comme la vraie et la seule méthode philosophique, parce qu'elle nous attire hors de nous-mêmes, au lieu de cultiver en nous les habitudes de la vie intérieure; qu'en s'appuyant surtout d'exemples empruntés aux sciences physiques, où elle trouve sa plus parfaite application, elle nous habitue aux combinaisons habiles, à la recherche des analogies, mais non à l'observation pure et intime; enfin, elle nous donne la sagacité qui saisit les rapports et prévoit les résultats éloignés, mais non la réflexion qui replie l'esprit sur lui-même, dans la contemplation calme d'un objet sans analogie avec aucun autre, et l'habitue à le saisir toujours dans son action vivante, au lieu de le conclure des effets extérieurs.

Sauf cet inconvénient réel de la méthode d'induction, dans son rapport avec l'étude de l'esprit humain, cette troisième partie est digne de toute l'attention du lecteur. C'est un recueil précieux d'observations justes et souvent neuves, et de conseils pleins de sens et de prudence. On y trouve l'exposition complète des élémens que met en œuvre l'induction, une appréciation exacte de la valeur réelle de chacun d'eux pris séparément, et de celle qu'ils s'ajoutent en s'unissant. Enfin des exemples empruntés aux sciences diverses viennent à l'appui d'une théorie sage et étendue. Celui qui se pénétrera de ces excellens préceptes en acquerra sans aucun doute plus de sens, de solidité et de simplicité d'esprit.

Mais, il faut le dire, toutes ces qualités sont obscurcies dans l'original par la diffusion et la prolixité. Cet ouvrage, dernière production de la vieillesse de l'auteur, ressemble trop souvent à une conversation, à laquelle sans doute l'élégance d'esprit, la mesure, la parfaite bonne foi donne du charme, mais où le sujet en discussion se perd quelquefois au milieu de développemens vagues et étrangers à la question. J'ai cru qu'il étoit nécessaire de réduire cette abondance, pour laisser ressortir davantage ce que l'ouvrage a de neuf et d'utile. La prolixité du langage enfante l'obscurité, et cette espèce d'obscurité qui convient le moins à des études philosophiques, puisqu'elle relâche l'attention au lieu de l'exciter, et qu'elle ne laisse dans l'esprit que la compréhension vague et molle de ce qu'il faut saisir nettement et fortement. J'ai aussi retranché quelques digressions soit sur des façons de parler qui ne sont pas en usage dans notre langue philosophique, soit sur des erreurs de peu d'importance que M. Du-

Pages.

CHAPITRE IV.

Fin de la Table du Tome III.

ÉLÉMENS
DE LA PHILOSOPHIE
DE L'ESPRIT HUMAIN.

DE LA RAISON

OU DE L'ENTENDEMENT PROPREMENT DIT ; DES FACULTÉS ET DES OPÉRATIONS DIVERSES QUI S'Y RATTACHENT LE PLUS IMMÉDIATEMENT.

Observations préliminaires sur le vague et l'ambiguïté des termes usités dans la langue philosophique, relativement à cette partie de nous-mêmes. — Raison et raisonnement. — Entendement. — Jugement, etc.

CETTE faculté qu'on nomme la Raison, et qui fera le sujet de cet ouvrage, est sans contredit la plus importante de beaucoup parmi celles qui sont comprises sous le titre général de Facultés intellectuelles. C'est du bon usage que nous en faisons que dépendent nos succès dans la double poursuite de la science et du bonheur. C'est ce bien accordé exclusivement à l'homme qui le distingue sous les rapports les plus essentiels du reste des animaux. C'est des secours qu'elles prêtent aux opérations de la Raison que nos autres facultés tirent leur plus grand prix.

Mais l'étendue et la difficulté d'une telle matière, sont égales à son importance, et me forcent, au moment de l'exécution, de resserrer sous plusieurs rapports ces vastes proportions dans lesquelles je m'étois plu à m'étendre, tant que mes yeux ne considéroient le sujet qu'à distance. « Quelle « matière n'est point inépuisable? s'écrie « Burke. La nature de notre plan et le « point de vue particulier sous lequel nous « considérons un objet peuvent seuls met- « tre un terme à nos recherches. » Combien cette réflexion s'applique naturellement à toutes nos études sur les principes de l'esprit humain.

J'ai souvent eu lieu, dans mes précédentes recherches, de déplorer l'obscurité dont le vague et l'ambiguité des termes couvre cette partie de la philosophie. Mais d'une autre part, j'ai eu aussi occasion d'exprimer ma répugnance à tenter des innovations dans le langage, quand il étoit possible de les éviter sans nuire essentiellement à mon sujet. La règle que j'ai adoptée, c'est de donner à chaque faculté, à chaque opération de l'esprit, son nom propre et distinctif, en consultant, pour le choix de cette dénomination, l'usage le plus ordinaire de nos meilleurs écrivains, et en tâchant ensuite, autant qu'il a été en moi, de n'employer chaque mot que dans cette acception la plus commune. Sans doute je me serai trompé plus d'une fois dans le choix; mais l'erreur est de peu d'importance si j'ai moi-même invariablement attaché la même signification au même mot. Y suis-je parvenu? Celui-là seulement en peut être juge, qui aura suivi mes raisonnemens avec l'attention d'un critique sévère. Ce n'est pas par l'introduction de définitions et de formules, mais par l'usage habituel d'un langage exact et approprié aux choses, que j'ai tâché de fixer dans l'esprit du lecteur la valeur précise de mes expressions.

Quelques exemples remarquables de vague et d'ambiguité dans l'emploi des termes s'offrent dans cette partie de la philosophie qui va nous occuper. Et d'abord, le mot Raison lui-même est loin d'avoir une acception précise. Dans le langage commun et populaire, il exprime cette faculté par laquelle nous distinguons le vrai du faux, le bien du mal, et qui nous rend capables de combiner les moyens qui nous conduiront à une certaine fin. Ces diverses qualités peuvent-elles rigoureusement être rapportées à la même faculté? C'est une question que j'examinerai ailleurs. Ce qui n'est pas douteux, c'est qu'elles sont comprises dans l'idée généralement attachée au mot Raison. Il est probable que ce mot fut employé d'abord pour désigner tout ce qui distingue l'homme de la brute. C'est ainsi que Milton rapporte à la Raison jusqu'au sourire (1). Puis sa compréhension fut restreinte plus tard, et il n'exprima plus parmi les caractères qui distinguent notre nature que ceux qui sont le plus fortement marqués aux yeux du sens commun.

Il est un autre sens qu'on attache encore à ce mot, et qui nous conduit à confondre

---

(1) .... Smiles from Reason flow
To brutes denied.......

toutes nos facultés rationnelles en général, avec cette partie d'elles-mêmes connue parmi les logiciens sous le nom de facultés discursives. L'affinité des mots Raison et Raisonnement suffit pour rendre compte du langage commun, quoique la plus légère réflexion nous démontre qu'à parler rigoureusement le Raisonnement n'est qu'une des diverses fonctions ou opérations de la Raison, sans même qu'une disposition extraordinaire pour le premier puisse en rien témoigner de la présence des autres élémens constituans de la seconde.

Quant à l'usage que je compte faire moi-même de ce mot dans les recherches qui suivent, aucun philosophe ne sauroit le critiquer. Je l'emploie simplement pour désigner la faculté par laquelle nous distinguons le vrai du faux, et combinons les moyens pour arriver à une fin. Je ne m'occupe point pour le moment de cette fonction qu'on lui a attribuée de distinguer le bien du mal. Ainsi, sous ce titre de Raison, je considérerai toutes les facultés et toutes les opérations qui paroissent se rattacher immédiatement et essentiellement à la découverte de la vérité ou à l'acquisition des objets de nos poursuites; et en particulier la faculté de raisonner, ou la déduction; mais en distinguant, avec tout le soin possible, la capacité qui est en nous d'accomplir ces procédés logiques, de ces autres pouvoirs plus étendus qui sont compris aussi sous le mot de Raison.

L'étendue du sens dans lequel ce mot a été pris si universellement sembloit le recommander comme le seul convenable pour un titre général dans lequel on recherche plutôt la compréhension que la précision. Dans la discussion des questions particulières, j'en éviterai l'emploi autant que possible, et je chercherai d'autres termes exclusivement propres aux idées dont je désire entretenir le lecteur.

Un autre exemple du vague et de la confusion du langage ordinaire des logiciens, c'est le mot Entendement, sous lequel ils comprennent toutes les facultés intellectuelles, et l'Imagination, la Mémoire et la Perception, aussi bien que toutes les autres; quoique dans le langage commun il ne s'applique qu'à celles qui ont pour objet immédiat la découverte de la vérité, et que ce soit même une maxime établie que rarement dans la même personne un entendement sain s'allie à une imagination vive. Comme ce mot est un de ceux qui se représentent le plus fréquemment dans les matières philosophiques, il peut être de quelque utilité de le dégager de cette ambiguité qu'on lui reproche. J'ai donc, à l'exemple de quelques écrivains de ces derniers temps, nommé Facultés intellectuelles, celles qu'on rapporte ordinairement à l'Entendement, comme j'ai appelé Facultés actives, celles que l'on rapporte à la Volonté.

Enfin, le dernier terme dont je ferai remarquer ici la signification indécise est le mot Jugement. Dans quelques cas, il paroît être employé pour Entendement. Ainsi l'on dit presque indifféremment : un Entendement sain, un Jugement sain. L'application primitive de ce mot à la décision judiciaire d'un tribunal rend assez bien compte de la force qu'on lui attribue. C'est par une suite naturelle de la même idée qu'il s'applique avec une justesse particulière à ce discernement qui caractérise dans les beaux arts un critique habile; qualité qui est due en grande partie à un genre d'esprit libre de toute illégitime influence de l'autorité ou des circonstances. Le goût lui-même reçoit le nom de Jugement, et celui qui en possède une part plus qu'ordinaire est dit Juge dans les matières qui sont de son ressort.

Voilà le sens que ce mot reçoit du langage ordinaire. Celui qu'y attache la Logique est fort différent. Elle s'en sert pour désigner un des actes les plus simples dont nous ayons conscience dans l'exercice de nos pouvoirs rationnels, et le définit ordinairement : un acte de l'esprit qui affirme ou nie une chose d'une autre chose. Cette définition, quoiqu'on puisse lui reprocher de désigner l'énoncé du Jugement, et non le Jugement même qui est un simple acte de notre esprit (1), a le mérite de la clarté et de la concision ; et les Logiciens ont été rarement aussi heureux dans les explications qu'ils ont tentées de nos opérations intellectuelles.

A tous ces termes divers que le langage commun confond assez ordinairement avec

---

(1) A moins qu'on n'entende par là une affirmation et une négation mentales. Alors, au lieu de définir, on ne fait que substituer à la définition de la chose une autre manière de parler parfaitement synonyme.

le mot Raison, nous aurions pu peut-être en ajouter un autre, le mot Sagesse. Mais la notion qu'il exprime présupposant l'influence de certains principes qui ne sont pas du domaine de la Logique, l'explication en doit être renvoyée aux traités de morale.

Dans les discussions qui suivent immédiatement, il ne se trouvera rien, je l'espère, au-dessus de la portée de ceux qui voudront apporter dans cette lecture l'attention que réclame indispensablement toute recherche sur l'esprit humain. Ce qu'il y a de sûr, c'est que je me suis appliqué à rendre chacune des phrases que j'ai écrites non-seulement intelligible, mais claire; et là où mes efforts ont pu être vains, l'obscurité sera imputée, je l'espère, non point à une affectation de mystère, mais à quelque erreur du jugement. « Le vrai en mé-
» taphysique, dit d'Alembert, ressemble au
» vrai en matière de goût : c'est un vrai
» dont tous les esprits ont le germe en eux-
» mêmes, auquel la plupart ne font point
» d'attention, mais qu'ils reconnoissent dès
» qu'on le leur montre. Il semble que tout
» ce qu'on apprend dans un bon livre de
» métaphysique ne soit qu'une espèce de ré-

» miniscence de ce que notre âme a déjà » su; l'obscurité, quand il y en a, vient tou- » jours de la faute de l'auteur, parce que la » science qu'il se propose d'enseigner n'a » point d'autre langue que la langue com- » mune. Aussi peut-on appliquer aux bons » auteurs de métaphysique ce qu'on a dit » des bons écrivains, qu'il n'y a personne » qui en les lisant ne croie pouvoir en dire » autant qu'eux (1). »

Avant de terminer ces observations préliminaires, je sens le besoin d'ajouter que si, dans le cours de cet ouvrage, je me trouve trop souvent dans la nécessité de critiquer le langage et de combattre les opinions de mes prédécesseurs, mon seul but est, d'abord de justifier les raisons qui m'ont fait choisir ma route hors des sentiers battus; ensuite de faciliter les progrès de ceux qui me suivront dans le même chemin, en dirigeant leur attention sur les points où je me sépare des autres et qui peuvent fournir matière au doute et à l'hésitation.

Je sais, d'un autre côté, que l'opinion

(1) D'Alembert, Élémens de philosophie.

assez générale est que le meilleur mode pour le développement des principes d'une science est une exposition systématique et concise, sans aucun regard historique en arrière. Je pense moi-même que cette opinion est bien fondée pour ces parties de la science où les difficultés proviennent moins du vague des idées et de l'indéfini des termes, que de la longueur de la chaîne des raisonnemens. Mais, dans des discussions semblables à celles où nous nous engageons, c'est surtout par la correction des mots équivoques et par la découverte successive de préjugés auparavant inaperçus, qu'on doit s'attendre à s'approcher, quoiqu'à pas lents, de la vérité. J'aime à croire que de mes recherches sortiront quelques idées utiles au progrès de la science; et quelque éloigné que soit le jour où les opinions des philosophes spéculatifs, unies enfin dans un parfait accord, élèveront la philosophie au niveau des sciences physiques, je serai assez récompensé si je puis avoir été pour quelque chose dans l'accomplissement d'un si grand œuvre.

CHAPITRE PREMIER.

Des lois fondamentales de notre croyance, ou des premiers élémens de la Raison humaine.

Je commence par une revue de quelques-unes de ces vérités premières dont toutes nos pensées, toutes nos actions impliquent en nous la conviction, et qui semblent, à ce compte, être plutôt les élémens constitutifs et essentiels de la Raison, que les objets avec lesquels elle communique. Le sens de cette remarque deviendra plus clair tout à l'heure.

Les vérités premières dont je veux m'occuper en ce moment sont : 1.° les axiomes de mathématique ; 2.° les vérités (ou pour mieux dire, les lois de croyance) inséparablement attachées à l'exercice de la conscience, de la perception, de la mémoire et du raisonnement. Il y a encore quelques autres lois de croyance dont la vérité est tacitement reconnue dans tous nos raisonnemens sur les événemens contingens; j'aurai occasion d'en parler dans un autre article.

SECTION PREMIÈRE.

Des Axiomes de Mathématique.

J'ai placé cette classe de vérités la première dans l'énumération de nos lois de croyance, parce que j'ai cru que la place qu'elles occupent dans la géométrie en feroit d'abord pour mes lecteurs un sujet de discussion plus intéressant à la fois et plus aisé que d'autres lois qui leur sont moins familières. Peut-être un ordre différent auroit-il eu quelque avantage sous le rapport d'une méthode logique rigoureuse.

Il n'est pas nécessaire de s'étendre sur l'évidence des axiomes mathématiques. Les discussions auxquelles ils ont donné lieu n'étoient absolument qu'une affaire de scolastique, et n'ont jamais tendu à attaquer la certitude de la science qu'on suppose s'appuyer sur eux.

Il y a long-temps que Locke a remarqué, au sujet des axiomes de géométrie proclamés par Euclide, que, quoique ces maximes soient d'abord énoncées en termes généraux, et invoquées ensuite, dans les exemples particuliers, comme principes examinés et admis d'avance, leur vérité cependant est telle, qu'elle n'est pas moins évidente dans le cas particulier, que dans la formule générale. Il observe même que c'est dans quelqu'une de ses applications particulières que la vérité de chaque axiome est originairement perçue par l'esprit, et il en conclut que la proposition générale, loin d'être la base de notre assentiment aux vérités qu'elle comprend, n'est qu'une généralisation verbale de ce qui, dans des exemples particuliers, a déjà été reconnu comme vrai. Le même auteur remarque que quelques-uns de ces axiomes « ne sont que de pures propositions verbales et ne nous apprennent rien » que le rapport et la valeur de deux mots, » l'un à l'égard de l'autre. L'entier est égal » à toutes ses parties ; quelle vérité cela » nous enseigne-t-il ? que contient cette » maxime, que le sens reçu du mot Entier » ne dise de soi-même. A ce compte, il me

» semble que cette proposition : une mon-
» tagne est plus haute qu'une vallée, et
» mille autres pareilles, pourroient aussi
» passer pour maximes. »

Malgré ces réflexions, Locke ne fait aucune objection contre la forme donnée par Euclide à ses axiomes, non plus que contre la place qu'il leur assigne dans ses élémens. Au contraire, il trouve que ce n'est pas sans raison qu'une telle collection est mise en tête d'un livre de mathématiques, parce que les élèves, une fois bien pénétrés de ces propositions générales, les gardent dans leur mémoire, tout prêts à les appliquer comme des règles et des formules; et plus loin il ajoute cette remarque si juste : quoique notre connoissance commence par le particulier, et ne s'élève que par degrés au général, cependant, après ce travail, l'esprit prend une route absolument contraire, et après avoir réduit ses connoissances en autant de propositions générales qu'il lui est possible, il se les rend familières, et s'accoutume à s'y rallier, comme aux étendards du vrai et du faux.

Une autre observation de ce profond écrivain mérite toute notre attention. Il trouve, en examinant la nature des axiomes, qu'ils ne sont pas des fondemens sur lesquels soit bâtie aucune science, et qu'ils sont entièrement inutiles à l'homme pour la découverte des vérités inconnues, même dans les mathématiques. «Qu'un esprit distingué, » dit-il, ait une connoissance plus parfaite » que personne de toutes les maximes gé- » nérales qui ont cours dans les mathéma- » tiques ; qu'il mesure leur étendue, qu'il » poursuive leurs conséquences aussi loin » qu'il le voudra ; à peine avec leur secours » pourra-t-il arriver jusqu'à savoir que le » carré de l'hypothénuse est égal aux carrés » des deux autres côtés. Il pourra pâlir » éternellement sur les axiomes, sans qu'il » aperçoive jamais une lueur de plus des » vérités mathématiques. »

Malgré cette doctrine ainsi établie, quelques-uns des plus habiles disciples de Locke sont tombés sur ce même point dans des méprises qui me convainquent que quelques développemens de plus ne seront point superflus. Quelques remarques sur un passage de Campbell contribueront, j'espère, à placer la nature des axiomes sous un jour nouveau, et à en donner une idée plus exacte que celles qu'on s'en fait ordinairement.

« Voici, dit Campbell, des exemples d'évidence intuitive : Un et quatre font cinq. » Deux choses égales à une troisième sont » égales entre elles. Le tout est plus grand » que la partie ; et, en un mot, tous les » axiomes de l'arithmétique et de la géométrie. Ce ne sont, en effet, qu'autant » d'expositions de nos notions générales, » considérées sous différens points de vue. » Quelques-uns ne sont que des définitions, » ou des équivalens de définitions. Dire : un » et quatre font cinq, est précisément la » même chose, que dire : nous donnons le » nom de cinq à un ajouté à quatre. En fait, » ils sont tous, à quelques égards, réductibles à cet axiome : ce qui est, est. Je ne » dis pas qu'ils en soient déduits, car ils ont » comme lui cette évidence originale et » intrinsèque, qui fait qu'aussitôt que les » termes qui les expriment sont entendus, » la vérité en est perçue intuitivement. Et » si elle ne l'est pas, aucune déduction ne » leur donnera jamais un seul degré de » plus d'évidence. Mais quoiqu'ils n'en soient » pas déduits, ils en peuvent être consi-

» dérés comme des développemens parti-
» culiers, tout-à-fait coincidens avec lui.

» Cependant, si les axiomes étoient des
» propositions parfaitement identiques, il
» seroit impossible d'avancer d'un seul pas,
» par leur moyen, au-delà des simples idées
» perçues en premier lieu par l'esprit. Quel
» avantage, par exemple, pourrions-nous
» tirer pour l'accroissement de la science
» de propositions telles que celles-ci : sept
» sont sept, huit sont huit, et dix ajouté
» à sept est égal à dix ajouté à sept.
» Le changement même d'un des ter-
» mes, n'en apportera aucun à l'inuti-
» lité de la proposition. Les propositions :
» Douze font une douzaine, vingt font une
» vingtaine, à moins qu'on ne les consi-
» dère comme des explications des mots
» douzaine et vingtaine, sont aussi in-
» signifiantes que les premières. Mais, lors-
» que la chose, quoique coincidente en
» effet, est considérée sous un autre aspect;
» lorsque ce qui est simple dans le sujet,
» est divisé dans l'attribut, et récipro-
» quement; ou lorsque ce qui est un en-
» tier dans l'un, est regardé comme une
» partie de quelque autre chose dans l'autre;

» de telles propositions conduisent à des » rapports innombrables et qui paroissoient » fort éloignés. Un ajouté à quatre, ne peut » être considéré dans l'exemple cité plus » haut que comme une définition du mot » cinq. Mais quand je dis : deux ajoutés à » trois sont égaux à cinq, j'avance une » nouvelle vérité, qui, quoique également » claire, est tout-à-fait distincte de la pré- » cédente. De même, si quelqu'un affirme » que : deux fois quinze font trente, et » ajoute que : treize ajoutés à dix-sept, font » trente, personne ne prétendra qu'il a ré- » pété la même chose en d'autres mots. Les » deux cas sont entièrement semblables : » dans l'un comme dans l'autre, la même » chose est affirmée d'idées qui, prises sé- » parément, sont différentes. Et il en ré- » sulte d'autres équations, comme : un ajouté » à quatre est égal à deux ajoutés à trois ; » et : deux fois quinze égalent treize ajoutés » à dix-sept. C'est à l'aide de principes si » simples et si élémentaires, que le mathé- » maticien et l'algébriste procèdent aux plus » étonnantes découvertes. Les opérations du » géomètre ne diffèrent pas non plus essen- » tiellement de celles-là. »

J'ai peu de chose à objecter à ces observations de Campbell, en tant qu'elles se rapportent à l'arithmétique et à l'algèbre ; toutes nos recherches, dans ces sciences, se réduisent à une comparaison de différentes expressions d'une même quantité. Le langage ordinaire suppose fréquemment que la chose se passe autrement, comme par exemple, lorsqu'il définit une équation : une proposition, affirmant l'égalité de deux quantités. Il auroit été beaucoup plus correct de dire : une proposition qui affirme comme équivalentes, deux expressions d'une même quantité. Car l'algèbre n'est à proprement parler qu'une arithmétique générale ; et les noms de nombres ne sont que des mots collectifs qui nous servent à nous exprimer d'une manière plus concise que si nous énumérions toutes les unités qu'ils contiennent.

Mais si Campbell a vu que des équations mathématiques, telles que : un et quatre font cinq, ne sont autre chose que des définitions, et n'offrent que des expressions diverses de choses identiques, comment peut-il les avoir rangés avec ces axiomes qu'il tire d'Euclide : Le tout est plus grand que la partie. Deux choses égales à une troisième sont égales entre elles. Propositions, qui, malgré la clarté avec laquelle leur vérité est exprimée par les termes qui les composent, ne peuvent certainement, par aucune interprétation, être considérées comme des définitions tout-à-fait analogues aux premières.

Les définitions qu'il cite ne sont que de simples explications de la valeur relative de noms qui appartiennent exclusivement à l'arithmétique et à l'algèbre. Les axiomes au contraire sont des propositions universelles, également applicables à une infinie variété d'exemples, et aussi essentiellement liées avec nos calculs arithmétiques qu'avec nos raisonnemens en géométrie.

Ainsi donc, expliquer comment l'esprit, dans le cas des nombres, passe des équations les plus simples aux plus complexes, ne jette pas la moindre lumière sur l'autre question, qui consiste à savoir : comment on passe, et dans l'arithmétique même aussi bien qu'en géométrie, de ce qu'on nomme proprement axiomes, considérés comme principes, aux conclusions les plus éloignées de chacune de ces sciences. Il reste donc encore à démontrer comment les axiomes sont les fondemens sur lesquels reposent les mathématiques.

Si l'on admet avec Locke, qu'aucune conséquence ne peut être déduite d'un axiome; s'il est vrai, de plus, que par les premiers principes d'une science, on entend ces propositions fondamentales d'où sont dérivées les vérités secondaires, les axiomes ne sauroient en aucune manière être nommés légitimement premiers principes des mathématiques. Du moins faut-il admettre qu'ils n'ont pas l'analogie même la plus éloignée avec ce qu'on nomme premiers principes dans les sciences naturelles, avec ces faits généraux, par exemple, de la pesanteur et de l'élasticité de l'air, d'où se déduisent comme conséquences la suspension du mercure dans le tube de Forricelli, et sa dépression lorsqu'il est porté sur une montagne. Dans ce sens, les principes mathématiques sont, non pas les axiomes, mais les définitions; car ce sont elles qui dans les mathématiques tiennent précisément la place qu'occupent dans la science de la nature ces faits généraux que nous venons de citer. De quel principe en effet se tirent les diverses propriétés du cercle, sinon de sa définition; et celles de la parabole ou de l'ellipse, sinon de la définition de ces courbes.

La poursuite de cette idée rentre dans le sujet de la démonstration mathématique qui doit nous occuper ci-après. Quant à présent, je pense que nous en avons dit assez pour corriger les méprises sur la nature des axiomes, accréditées par les doctrines et plus encore par le langage de quelques écrivains distingués de ces derniers temps. Mon opinion sur ce point est absolument conforme à celle de Locke; mais, comme lui, je déclare ici que je suis bien loin de dire, ou de vouloir faire entendre, que les axiomes doivent être mis de côté. Ce sont des vérités, des vérités évidentes par elles-mêmes, et à ce titre il faut se garder de les rejeter. Aussi loin que leur influence peut s'étendre, il seroit vain de songer à l'arrêter, et je n'en eus jamais la pensée. Mais, sans insulter à la vérité ou à la science, je puis avoir raison de penser que leur importance ne répond pas au grand édifice qu'on voudroit appuyer sur eux, et il est permis d'avertir le lecteur de ne pas s'en servir de manière à se confirmer lui-même dans l'erreur.

En confondant les axiomes avec les principes, on a aussi confondu la signification de ces deux mots, quoique le sens en soit fort différent. Le mot principe, dans son acception propre, me semble signifier une donnée (que ce soit un fait ou une hypothèse) de laquelle se déduit une suite de raisonnemens, et dont aucune rigueur dans la déduction des conséquences ne pourroit compenser la fausseté ou l'incorrection. Ainsi la pesanteur et l'élasticité de l'air sont des principes de raisonnement dans les recherches sur le baromètre. Et dans un sens tout-à-fait analogue, les définitions de la géométrie, qui toutes reposent entièrement sur des hypothèses, sont les premiers principes de raisonnement pour les démonstrations subséquentes.

Les axiomes sont ces vérités élémentaires, qui par le fait sont accordées à chaque pas d'un raisonnement, et sans lesquelles toute suite de raisonnement deviendroit impossible, quoiqu'on ne puisse déduire directement d'elles-mêmes aucune conséquence. Tels sont les axiomes dans les mathématiques; en physique, la croyance dans la continuation des lois de la nature; et dans tous nos raisonnemens sans exception, une ferme croyance en notre identité et dans l'évidence de la mémoire. De telles vérités sont les derniers élémens dans lesquels se résout le raisonnement lorsqu'on le soumet à l'analyse métaphysique. C'est à ces axiomes que Locke semble en général appliquer le nom de maximes; et en ce sens, il est indubitable que nulle science, non pas même la géométrie, ne se fonde sur les maximes, comme sur ses premiers principes.

Les axiomes peuvent, il est vrai, prendre quelquefois le nom de principes, dans une certaine acception de ce mot. Car principes et élémens sont quelquefois employés comme synonymes. Je ne dirai point que cette manière de parler est répréhensible. Tout ce que je prétends ici affirmer, c'est qu'ils ne peuvent être nommés principes de raisonnement, dans le sens que nous avons donné au mot principe, et que l'exactitude demande que le mot sur lequel roule toute la question, ne soit point dans le cours de la même discussion employé en deux sens différens. C'est pour cette raison que j'ai écrit:

Principes de raisonnement, dans une occasion, et : Élémens de raisonnement, dans l'autre; et la ligne de séparation est clairement et fortement marquée par cette distinction : que des Principes de raisonnement on peut déduire des conséquences, tandis que des Elémens de raisonnement on n'en peut tirer aucune.

La suite d'un raisonnement logique a souvent été comparée à une chaîne qui soutient un poids. Si cette comparaison est adoptée, les axiomes ou vérités élémentaires peuvent être comparés à ces enchaînemens successifs par lesquels les divers anneaux sont joints les uns aux autres. Les principes du raisonnement ressemblent au crochet ou plutôt à la poutre d'où descend la chaîne entière.

SECTION II.

De certaines lois de croyance, inséparablement unies à l'exercice de la conscience, de la mémoire, de la perception et du raisonnement.

1. C'est par l'évidence immédiate de la conscience que nous sommes assurés de

l'existence présente de nos différentes sensations, agréables ou pénibles, de toutes nos affections diverses, passions, craintes, espérances, désirs et volontés.

Selon la doctrine de nos meilleurs philosophes, c'est par cette même évidence de conscience, que nous sommes assurés que nous existons nous-mêmes; proposition qui, émise dans ces termes, n'est pas exactement vraie, car notre propre existence n'est pas pour nous un objet direct ou immédiat de conscience, dans la stricte acception du mot. Jamais nous n'arriverions à cette connoissance, si aucune impression ne venoit frapper nos organes extérieurs. Au moment où, par suite de cette impression, une sensation est produite en nous, nous apprenons deux faits à la fois : 1.° l'existence de cette sensation; 2.° notre propre existence, comme êtres sensibles. En d'autres termes, le premier exercice de la conscience renferme une croyance, non-seulement à l'existence présente de ce qui est senti, mais encore à l'existence présente de ce qui sent et pense, ou, pour employer un langage plus simple, à l'existence présente de cet être que je désigne par les mots Je ou Moi.

De ces deux faits, le premier est le seul dont nous puissions dire que nous en avons conscience, dans la rigueur du mot. La conviction du second, quoiqu'elle semble si inséparable de l'exercice de la conscience, qu'elle puisse à peine lui être considérée comme postérieure dans l'ordre du temps, lui est cependant postérieure (qu'on me permette cette distinction scholastique) dans l'ordre de la nature, non-seulement en ce qu'elle suppose la conscience déjà éveillée par quelque sensation ou quelque affection mentale, mais en ce qu'elle est évidemment un jugement qui accompagne l'exercice de la conscience, plutôt qu'une intuition immédiate et intime d'un des faits internes qui sont du domaine de cette faculté.

Il me paroît donc plus correct d'appeler la croyance en notre existence propre, un accompagnement ou un accessoire de l'exercice de la conscience, que d'en faire un objet immédiat de sa connoissance, comme est l'existence des sensations que le monde extérieur produit en nous.

2. Une vérité encore plus incontestable, c'est que nous ne pouvons pas dire, sans un véritable abus de langage, que nous avons

conscience de notre identité personnelle ; puisque l'idée d'identité personnelle implique l'idée de temps, et conséquemment suppose en nous l'exercice, non pas de la conscience seulement, mais encore de la mémoire. Cette croyance est contenue dans chaque pensée, dans chaque acte de notre esprit : elle peut, à juste titre, être regardée comme un des plus simples et des plus essentiels élémens de l'entendement, et il nous seroit tout-à-fait impossible de concevoir l'existence d'un être intellectuel ou actif qui en seroit dépourvu.

On a demandé par quels procédés successifs un enfant arrive à connoître son existence et à former l'idée abstraite et métaphysique exprimée par le mot Je ou Moi. Pour répondre à cette question, dont la solution a fort mal à propos occupé les efforts de quelques hommes ingénieux, je n'aurai qu'à faire observer que nous ne devons chercher à expliquer un phénomène que dans la supposition qu'il est possible de le ramener à quelque loi plus générale, ou à d'autres lois déjà connues. Or, dans le cas présent, comment espérer quelque chose de semblable, quand on songe que tout ce que nous savons de l'esprit humain est le fruit de la réflexion, et que chaque acte de cette faculté implique en nous la conviction de notre existence propre, comme êtres intelligens et réfléchissans. Ainsi donc, toute théorie qui prétend expliquer cette conviction doit nécessairement contenir cette sorte de paralogisme que les logiciens appellent pétition de principes, puisque la chose à expliquer doit se ramener à une ou à plusieurs lois dont la propre évidence repose en dernière analyse sur la donnée même qui est en question.

C'est de cette donnée, nécessairement impliquée dans l'exercice de la conscience et de la mémoire réunies, que doit partir l'étude de l'esprit humain, quand on veut s'y livrer analytiquement, et toute tentative de creuser plus avant, pour découvrir son fondement à elle-même, trahit une ignorance complète des règles de la logique, sans lesquelles on ne peut avancer avec le moindre succès.

Ce fut, je pense, M. Prevost de Genève qui remarqua le premier (et cette remarque, toute simple qu'elle peut paroître, fait le plus grand honneur à sa sagacité) que les recherches sur l'esprit humain, fondées sur l'hypothèse d'une statue animée, recherches que Bonnet et Condillac présentèrent comme analytiques, n'étoient réellement que pure synthèse. Ajoutons à cette remarque que leurs recherches, tant qu'elles eurent pour objet d'expliquer l'origine de notre croyance à notre existence propre et à notre identité personnelle, invoquèrent comme principes de leur synthèse des faits à la fois moins certains et moins connus que le problème qu'ils étoient appelés à résoudre.

3. La croyance universelle à l'existence du monde matériel (j'entends indépendamment de l'existence des êtres mêmes qui la perçoivent) et notre confiance dans l'uniformité continue des lois de la nature, appartiennent encore à la classe des lois premières ou élémentaires de la pensée. Enfin, la dernière de ces lois sur laquelle je veuille appeler l'attention, c'est la confiance que nous sommes forcés de placer dans l'évidence de la mémoire, et je puis ajouter, dans la durée de notre identité personnelle, lorsque nous nous occupons de conduire à son terme la suite d'une déduction ou d'une argumentation. En donnant notre assentiment à la conclusion qu'une telle démons-

tration amène, nous nous reposons évidemment sur la fidélité avec laquelle notre mémoire a attaché les uns aux autres les divers anneaux de la chaîne. L'appel que l'on fait souvent dans le cours d'une démonstration aux propositions précédemment prouvées place cette même remarque dans un jour encore plus grand. Niez l'évidence de la mémoire, comme base d'une connoissance certaine, et vous détruisez les fondemens de la science mathématique aussi complètement que si vous contestiez la vérité des axiomes proclamés par Euclide.

Les exemples précédens éclairent suffisamment la nature de cette classe de vérités que j'ai appelées lois fondamentales de la croyance humaine, ou premiers élémens de la raison. Ces vérités sont d'un ordre si entièrement différent de ce qu'on nomme vérité, dans l'acception ordinaire du mot, qu'il seroit peut-être bon aux logiciens de les distinguer par quelque appellation propre, comme celle de vérités métaphysiques ou transcendantes. On pourroit encore en ajouter d'autres à la liste que j'ai donnée (1), mais

(1) Par exemple, notre foi dans l'existence des

je ne m'arrêterai pas à les énumérer. Mon objet principal, en plaçant ici ces développemens, étoit de montrer le rapport commun dans lequel ces lois se trouvent toutes avec l'évidence de déduction. Dans ce point de vue, il se présente à notre observation deux sortes d'analogies, ou plutôt de coïncidences, entre les vérités que nous venons de considérer, et les axiomes mathématiques dont il a été traité d'abord.

1.° De ces deux classes de vérités, rien ne peut être directement déduit pour l'agrandissement ultérieur de nos connoissances. De propositions comme celles-ci : j'existe ; je suis aujourd'hui la même personne que j'étois hier ; le monde matériel a une existence indépendante de mon esprit ; les lois de la nature dureront uniformes dans l'avenir, comme elles ont duré dans le passé ; de telles propositions, dis-je, nulle conséquence ne peut être tirée, pas plus que des vérités intuitives, placées à la tête des Élémens d'Euclide. C'est pourquoi, au nom de

causes *efficientes*, dans l'existence d'autres êtres intelligens comme nous, etc. etc.

Premiers Principes qu'elles avoient reçu de quelques écrivains, nous avons substitué celui de Lois de croyance. Il n'en reste pas pour cela moins vrai que s'il n'y avoit pas de premiers principes, ou en d'autres termes, s'il falloit donner la raison de toute chose, aucune suite de déduction ne pourroit être amenée à la conclusion. Mais cela prouve seulement que le mathématicien ne peut démontrer un seul théorème, à moins qu'il n'ait eu soin au préalable d'en donner la définition; ni l'observateur de la nature expliquer un seul phénomène, à moins d'être reçu à présenter comme faits reconnus, certaines lois de la nature. Quant aux lois de notre croyance et aux axiomes, sans doute ils se rattachent, et plus immédiatement peut-être qu'on ne se l'est imaginé, aux opérations de notre faculté de raisonner, mais non pas comme principes, d'où sortent nos raisonnemens et sur lesquels ils reposent en dernière analyse. Ce sont des conditions nécessaires, que la déduction reconnoît à chaque pas qu'elle fait, ou plutôt des élémens essentiels qui entrent dans la composition de la raison elle-même. Et c'est cette vérité des axiomes, et des lois de croyance toujours supposée ou impliquée dans chacune des parties d'une démonstration mathématique, ou d'un raisonnement sur les phénomènes naturels, qui forme le second point de cette ressemblance que j'avois annoncée entre ces deux classes.

Elles conviennent encore en ce qu'elles sont tacitement reconnues par tous les hommes, savans ou ignorans, sans qu'il y ait besoin d'aucune énonciation verbale, ou même sans qu'il y ait exercice de réflexion dont ils aient conscience. C'est seulement à cette période de nos progrès intellectuels, où les classifications scientifiques ou les remarques subtiles de la métaphysique commencent à être introduites, qu'elles attirent l'attention de l'esprit, et prennent la forme de propositions. En conséquence de ces analogies ou coincidences, j'aurois incliné à comprendre, sous le titre général d'axiomes, toutes les vérités que nous venons de passer en revue, si l'usage commun de la langue n'avoit pas fait de ce mot le nom propre des axiomes mathématiques, et que le sujet que je traite n'eût pas rendu plus nécessaire d'appeler l'attention de mes lecteurs sur l'immense différence qui existe entre les branches de connoissances auprès desquelles chacune de ces classes vient se ranger.

Ces vérités que je viens de nommer lois de croyance, ou élémens de raison, avoient reçu il y a long-temps le nom de principes du sens commun. Celui qui le leur avoit imposé est le père Buffier, dont les expressions et la doctrine à ce sujet ont un rapport frappant avec celles de quelques logiciens de l'école écossaise de notre temps. Du moins c'est là, ce me semble, ce que ces écrivains en général entendent par ces mots, quoiqu'ils les aient tous souvent employés dans un sens beaucoup plus étendu. Ainsi limités dans leur acception, ils sont évidemment, sous le rapport de l'exactitude logique, exposés à deux solides objections. La première, nous l'avons déjà présentée, c'est qu'on applique le nom de principes aux lois de croyance, quoiqu'il n'en puisse être rien déduit; la seconde, c'est qu'on rapporte l'origine de ces lois aux sens commun, et ce langage n'est pas plus d'accord avec l'usage ordinaire qu'avec l'exactitude logique. Supposons un individu dont la conduite manifeste un doute réel de sa propre existence, de son identité personnelle, ou de la réalité des objets qui l'entourent : irons-nous en conclure qu'il manque du sens commun ? Non. Nous prononçons tout d'un coup : qu'il est privé de Raison, et nous ne le considérerons plus comme un homme capable d'intuition, ou digne de châtiment. La première manière de parler ne montroit seulement en lui qu'un homme sujet à tomber dans des absurdités, dans les circonstances ordinaires de la vie. La nôtre au contraire (élémens de raison), en même temps qu'elle est irréprochable sous le rapport de la netteté technique, ne peut pas non plus être attaquée comme s'éloignant le moins du monde de nos formes habituelles de langage.

CHAPITRE II.

Du Raisonnement et de l'Evidence déductive.

SECTION PREMIÈRE.

Doutes sur la distinction établie entre la faculté d'Intuition et celle de Raisonnement.

Le raisonnement est-il une faculté particulière, comme on le dit communément, ou bien n'est-il autre chose que l'intuition elle-même? J'avoue pour moi que je ne suis nullement convaincu de la justesse de cette distinction radicale qu'on a coutume d'établir entre ces deux facultés. On a essayé de montrer que, quelqu'étroitement unies qu'elles soient en général, cette union cependant n'est pas nécessaire, de telle sorte que l'on peut concevoir un être doué de l'une d'elles et en même temps privé de l'autre. C'est à peu près, dit-on, ce qui a lieu dans les songes et dans la folie : dans chacun de ces deux états, on a vu quelquefois le raisonnement se montrer encore à un assez haut degré, tandis que l'intuition étoit suspendue ou éteinte entièrement. Mais pour être convaincu de leur indissoluble union, il n'est besoin que de songer qu'à chaque pas que fait la raison dans une démonstration, il doit y avoir certitude intuitive. Locke a mis cette proposition dans le plus grand jour, et les philosophes de tous les systèmes y ont acquiescé depuis. D'où il suit évidemment que la faculté de Raisonnement présuppose la faculté d'intuition, d'où il suit encore, que la seule question qui puisse nous laisser un doute est celle-ci : la faculté d'intuition ne contient-elle pas la faculté de raisonnement? Mon opinion à moi est qu'elle la contient, du moins lorsqu'elle se combine avec la mémoire. En examinant ces procédés de la pensée qui conduisent l'esprit par une série de conséquences des prémisses à la conclusion, je ne découvre point un seul acte intellectuel, que ne puisse expliquer l'opération de l'intuition et de la mémoire réunies. Quand nous disons que l'évidence intuitive doit se trouver à chaque pas d'un raisonnement, on conçoit bien que nous n'entendons pas par là qu'il faut que tous les divers jugemens intuitifs qui nous mènent à la conclusion soient dans le moment même présens à la pensée. Le plus ordinairement nous nous confions entièrement à des jugemens qui reposent sur l'évidence de la mémoire. A l'aide de cette faculté, nous joignons ensemble les vérités les plus éloignées entre elles, avec la même confiance que si l'une étoit une conséquence immédiate de l'autre. Toute démonstration peut se résoudre dans une suite de jugemens distincts, soit que nous les formions à l'instant même, soit que nous les redemandions à notre mémoire à qui nous les avions confiés précédemment. La science de la géométrie tout entière est une suite de jugemens intuitifs qui se tiennent les uns les autres, de telle sorte que la démonstration d'une seule proposition renferme virtuellement toutes les précédentes auxquelles elle se rapporte. Et c'est dans la disposition et l'enchaînement de ces divers jugemens ou de ces moyennes que la puissance d'invention et de raisonnement du mathématicien trouve un si noble champ pour s'exercer.

Locke, en divers endroits de ses ouvrages, paroît tout à fait du même avis. « Chaque » pas du raisonnement qui nous mène à » une connoissance, dit-il, offre à l'esprit » une certitude intuitive. Une fois que l'es-

» prit l'a perçue, il n'a plus qu'à s'en souvenir, pour voir d'une manière évidente l'accord ou le désaccord des idées dont il s'occupe. Cette perception intuitive de l'accord ou du désaccord des idées intermédiaires, qui se produit à chaque pas de la démonstration, doit à son tour être aussi confiée à la mémoire, en se gardant d'en rien perdre : mais quand il s'agit de longues déductions, et que l'on a recours à un grand nombre de preuves, l'esprit ne peut pas être toujours un gardien exact et fidèle; par fois il en laisse échapper quelqu'une, et il arrive que les connoissances dues au raisonnement sont plus imparfaites que celles qu'on doit à la simple intuition, et que les hommes embrassent souvent des erreurs comme des vérités démontrées (1).

La même doctrine est encore exposée ailleurs par le même auteur en termes aussi exprès (2). Cependant en d'autres endroits

(1) Locke, Essai sur l'Entendement humain, Liv. IV, Ch. II, §. 7. Voyez aussi Liv. IV, Ch. XVII, §. 15.

(2) Liv. IV, Ch. XVII, §. 2. Liv. IV, Ch. XVII, §. 4 et 14.

son langage favorise la supposition que dans ses procédés déductifs, la raison se montre sous une forme essentiellement distincte de l'intuition. « Lorsque l'esprit, dit-il, per-
» çoit l'accord ou la disconvenance de deux
» idées, immédiatement, en elles-mêmes,
» et sans l'intervention d'aucune autre, cette
» connoissance peut être appelée intuitive.
» Mais lorsqu'il ne peut placer ces idées en
» un tel rapport, qu'au moyen d'une com-
» paraison immédiate et de leur juxtà po-
» sition, il en perçoive la convenance, ou
» la disconvenance, alors il est forcé d'a-
» voir recours à d'autres idées (à une ou
» à plusieurs, suivant le cas) pour décou-
» vrir le rapport qu'il cherche; et c'est là
» ce que nous appelons raisonnement (1). »
Ainsi, supposons que l'égalité des deux lignes A et B soit perçue immédiatement à cause de leur coincidence, le jugement de l'esprit dans ce cas est intuitif; mais si nous supposons que A coincide avec B, et B avec C, le rapport de A à C sera perçu par le raisonnement.

Reconnoissons qu'il entre ici de l'arbi-

(1) Liv. IV, Ch. II, §. 1 et 2.

traire dans l'emploi des mots. En effet, la vérité des axiomes mathématiques a toujours été supposée intuitivement évidente, et le premier axiome d'Euclide est celui qui affirme que si A est égal à B, et que B soit égal à C, A sera égal à C. Ainsi, la définition de Locke, qui range parmi les raisonnemens ce qu'Euclide place parmi les axiomes, ne sert qu'à confirmer ce que nous avons établi sur l'étroite affinité, ou plutôt sur l'identité entière du raisonnement et de l'intuition. Le rapport entre A et B une fois perçu, A et B s'identifient complètement, comme deux quantités mathématiques semblables, et ces deux lettres peuvent être regardées comme synonymes, partout où elles se rencontrent. Ainsi la faculté qui perçoit le rapport entre A et C est aussi celle qui perçoit le rapport entre A et B, et entre B et C.

Et pour fortifier encore l'évidence de cette proposition, on peut en appeler à la structure même du syllogisme. Est-il possible de concevoir une intelligence formée de telle sorte, qu'elle perçoive la vérité de la majeure et de la mineure, sans être frappée de la nécessité de la conclusion?

Le contraire sera évident pour quiconque sait ce que c'est qu'un syllogisme; ou plutôt, comme dans cette manière d'argumenter, l'esprit est conduit du général au particulier, il est évident que dans le seul énoncé de la majeure est présupposée la vérité de la conséquence, de manière que ce n'est pas sans raison qu'on a remarqué qu'il y a dans tout syllogisme un défaut radical semblable à cette espèce de sophisme connu parmi les logiciens sous le nom de pétition de principe (1).

La différence que l'on établit ordinairement entre l'intuition et le raisonnement, repose, je crois, sur la circonstance du temps. Nous concevons la première comme instantanée, tandis qu'à l'autre se joint nécessairement la notion de succession ou de progrès. Cette distinction est assez exacte pour le discours ordinaire; et même en plus d'une occasion ce langage nous sert utilement. Mais dans la théorie de l'esprit humain, il a conduit souvent à de fausses conséquences.

---

(1) Campbell, Philosophie de la Réthorique, Vol. I, p. 174.

SECTION II.

Du langage, comme instrument de la pensée. Importance d'une langue bien faite.

Avant d'aller plus loin, je profiterai de cette occasion pour tâcher de jeter quelque jour sur un autre point de la science, intimément uni à celui qui nous occupe, et sur lequel les doctrines reçues des logiciens modernes semblent réclamer des explications et des restrictions, beaucoup plus qu'on ne l'a pensé communément.

Nous ne pensons, comme nous ne parlons, qu'avec des mots. Aussi n'est-ce pas seulement dans nos communications avec les autres que se fait sentir l'inconvénient des termes ambigus et non définis ; nos méditations même s'en ressentent. Cette influence du langage a attiré l'attention de Descartes, qui dans le cours d'un excellent traité sur les sources de nos erreurs, a particulièrement appuyé sur celles où nous jette l'emploi du langage comme instrument de la pensée: « Enfin, dit-il, par suite » de notre usage habituel du langage, toutes » nos idées se trouvent attachées aux mots

» qui les expriment, et jamais nous ne les
» confions à notre mémoire sans leurs signes
» accoutumés. De là vient qu'il n'est pas
» peut-être un seul sujet dont nous ayons
» une notion assez distincte pour y pouvoir
» songer sans faire emploi du langage.
» Comme les mots nous reviennent plus
» aisément à la mémoire que les choses;
» nos pensées s'en occupent bien davan-
» tage. Aussi arrive-t-il souvent que nous
» donnons notre assentiment à des propo-
» sitions dont nous ne comprenons pas le
» sens, nous imaginant, ou que nous avons
» déjà pesé la valeur des mots dont elles
» se composent, ou que nous les avons
» adoptés sur l'autorité d'autres personnes
» dont le jugement nous inspire une entière
» confiance (1). »

---

(1) Et denique propter loquelæ usum, conceptos omnes nostros verbis, quibus eos exprimimus, alligamus, nec eos nisi simul cum istis verbis memoriæ mandamus. Cumque facilius postea verborum quàm rerum recordemur vix unquam ullius rei conceptum habemus tàm distinctum, ut illum ab omni verborum conceptu separemus; cogitationesque hominum ferè omnium circa verba magis quàm circa res versantur; adeò ut persæpe vocibus non intellectis præbeant

Ajoutons ici que lors même que les progrès des philosophes dans la science du langage auroient banni de leurs discours tout terme équivoque, jamais cependant un élève ne pourroit être exempté de la tâche d'analyser lui-même avec soin les idées complexes attachées aux termes qu'il emploie dans ses raisonnemens. L'usage des termes nous est le plus souvent enseigné, avant que nous en puissions comprendre la valeur; et la plupart des hommes continuent à s'en servir toute leur vie sans jamais songer à examiner soigneusement quelles notions ils renferment. C'est là une étude que chacun doit faire pour lui-même, et à laquelle ne sauroit suppléer aucune règle de la logique, quelle qu'en soit d'ailleurs l'utilité pour la direction de notre travail.

Si l'on vouloit des exemples de l'utilité d'un emploi réfléchi des mots, comme moyens de communication, et comme instrumens de pensée, on en découvriroit de bien frappans dans l'histoire de la science,

---

assensum quia putant se illos olim intellexisse, vel ab aliis qui eas rectè intelligebant, accepisse.

Princip. Phil. Pars prima. L. XXIV.

à cette époque où le jargon scolastique étoit en usage parmi les savans; langage technique, non seulement mal combiné pour la découverte de la vérité, mais encore habilement arrangé pour la propagation de l'erreur, et qui, dans la controverse, donnoit à ceux qui en avoient l'habitude, de grands avantages, au jugement du moins de la multitude, sur des adversaires plus sincères et plus éclairés. Les imperfections d'une telle philosophie ont été mises en évidence par Descartes et ses disciples, moins encore par la force de leurs raisonnemens, que par cette habitude qu'ils donnèrent aux esprits de faire usage de leurs facultés, au lieu de s'agiter au hasard dans les ténèbres artificielles de l'école. Bientôt, l'importance du langage étant partout reconnue, l'attention de nos meilleurs philosophes se tourna de plus en plus, dans le siècle dernier, vers cette branche de la logique qui a rapport à l'emploi des mots. Les observations de Locke sur ce sujet forment peut-être la plus belle partie de ses ouvrages, et depuis, de nouvelles et vives lumières ont encore été répandues sur cette matière par Condillac et ses successeurs.

Cependant, tout importante que soit cette

branche de la logique dans ses applications pratiques, quelque haut intérêt qu'elle emprunte de sa liaison intime avec la théorie de l'esprit humain, il pourroit arriver que l'on poussât à un excès dangereux les conséquences qui s'en déduisent. Condillac lui-même s'expose, et d'une manière assez grave, à ce reproche. Dans plus d'une occasion, il s'exprime comme s'il concevoit qu'il fût possible, au moyen de termes précis et bien définis, de réduire le raisonnement dans toutes les sciences à une sorte d'opération mécanique, analogue dans sa nature à celle que pratique l'algébriste sur les lettres de l'alphabet. L'art de raisonner, répète-t-il en mille endroits, se réduit à une langue bien faite. Proposition, dont le vague et l'incorrection ont été remarqués, il y a long-temps, par M. de Gérando qui nous a donné lui-même une exposition claire et satisfaisante du fait important auquel elle a rapport. « C'est, dit-il, le caractère d'une » conception prompte et vigoureuse, de ne » point s'arrêter dans de justes bornes. De là » chez cet estimable écrivain ces principes » trop absolus : que l'étude d'une science se » borne à apprendre une langue; qu'une

» science bien traitée n'est qu'une langue » bien faite. De là cette opinion hasardée, » que les mathématiques n'ont sur le reste » des sciences d'autrès privilèges que de » posséder une langue meilleure, et qu'on » procureroit à celles-ci une égale simplicité » et une égale certitude, si on savoit leur » donner des signes semblables. »

« Le même travail que durent exécuter » ceux qui instituèrent le langage, qu'exécute » l'enfant lorsqu'il apprend sa langue, se » répète aussi dans l'esprit de l'homme déjà » pourvu de tous ces signes, chaque fois » qu'il en fait usage. Car la décomposition » de la pensée peut seule lui apprendre à » faire le choix des signes qu'il doit em- » ployer, et à les disposer dans un ordre » convenable. Ainsi cette action extérieure » que nous nommons *parler* ou *écrire*, est » toujours accompagnée d'un travail philo- » sophique dans l'esprit, à moins qu'on ne » se borne, comme il arrive trop souvent, à » répéter mécaniquement ce qui a été dit » par d'autres. C'est sous ce rapport que » nos langues, avec leurs formes et leurs » règles, conduisant pour ainsi dire ceux » qui s'en servent dans le sentier d'une

» régulière analyse, leur traçant dans un » discours bien fait le modèle d'une par- » faite décomposition, peuvent être regar- » dées en quelque sorte comme des méthodes » analytiques. Je dis en quelque sorte, car le » mot de méthode ne peut être employé ici » qu'improprement. Les langues sont des *oc- » casions*, des *moyens* d'analyse, c'est-à-dire, » qu'elles sont entre nos mains un secours » pour mieux suivre la méthode; mais elles ne » sont point la méthode même. Elles sont » comme les signaux placés sur une route » pour aider à la reconnoître. Si les langues » nous aident à analyser, c'est qu'elles sont » elles-mêmes les produits et comme les » monumens des analyses qui ont été faites; » et leurs secours sont d'autant plus effi- » caces que ces analyses ont été mieux exé- » cutées (1). »

Dans un des passages que nous venons d'emprunter à M. Gérando, il est question de ce que l'auteur appelle justement une assertion téméraire de Condillac, savoir, que les mathématiques n'ont sur les autres sciences qu'un seul avantage, celui d'une

(1) Des signes et de l'art de penser. P. 158, 159, Tome 1.

langue bien faite, et que toutes pourroient atteindre aux mêmes caractères de simplicité et de certitude, si nous savions comment leur donner des signes également parfaits.

Leibnitz semble avoir eu en vue une idée semblable dans ces réflexions obscures et énigmatiques qu'il ramène souvent sur les miracles à opérer par un nouvel art de son invention, dont notre algèbre ne seroit qu'une branche. « Telle seroit, dit-il, la puis-
» sance de cet art, qu'avec une exactitude
» semblable à celle du mécanisme, il ren-
» droit les opérations de la raison fixes et
» visibles, autant qu'infaillibles sur l'esprit
» des autres. C'est ainsi que l'algèbre ne
» nous laisse pas la possibilité de commettre
» une erreur, même quand nous le souhai-
» terions, et met la vérité sous nos yeux
» comme une peinture estampée sur le pa-
» pier par le moyen d'une machine..... Je puis
» affirmer qu'en supposant cet art adopté
» par tous comme unique méthode philo-
» sophique, le temps arriveroit bientôt où
» nous serions capables de former des con-
» clusions sur l'homme et sur Dieu avec non
» moins de certitude que nous en formons

» aujourd'hui sur les figures et sur les nom-
» bres. Mais pour mettre cet art à exécu-
» tion, il faudroit au préalable dresser une
» table alphabétique des pensées humaines;
» et pour l'invention de cette table, une
» analyse des axiomes est indispensablement
» nécessaire (1). »

Dans ces extraits de Leibnitz, comme dans ce que nous avons cité de Condillac, la différence essentielle qui existe, sous le rapport même du langage, entre les mathématiques et les autres sciences, est entièrement méconnue. Dans les mathématiques, où l'emploi d'un seul mot équivoque est impossible, on conçoit aisément comment la solution d'un problème peut être ramenée à quelque chose de semblable à l'opération d'un moulin, puisque les conditions du problème une fois traduites en langage algébrique, disparoissent entièrement de la vue, et que les procédés subséquens sont presque mécaniquement déterminés par des règles générales, jusqu'à ce que le résultat final soit obtenu. Dans les autres sciences,

(1) Wallisii Opera. Vol. III. P. 621.

ce n'est point seulement à chaque terme en particulier que peut s'attacher l'équivoque. Le sens qui nait de l'ensemble même des mots dont se forment nos raisonnemens, est susceptible de nuances plus ou moins variées. Ce n'est qu'en considérant attentivement en quel rapport chaque mot se trouve avec le reste de la phrase, que l'on peut affirmer quelle est l'idée précise de l'auteur dans un cas donné. Ainsi, un exercice constant et sans relâche de l'attention est indispensable pour prévenir nos égaremens à chacun de nos pas. Hors du cercle des sciences mathématiques, l'esprit doit toujours, dans l'étude d'une suite de raisonnemens, mener de front, avec le soin de la déduction logique exprimée dans les mots, un autre soin, logique aussi, mais d'une nature bien plus délicate et plus difficile : c'est celui de fixer avec une rapidité qui échappe à la mémoire, le sens précis de chaque terme équivoque, par l'examen du rapport où il se trouve avec le dessein général du sujet. Or, les progrès du langage consistant plutôt dans une distinction et une classification plus précise des divers sens des mots, que dans une réduction numérique de ces mêmes sens, la tâche de l'induction et de l'interprétation morale peut sans doute être rendue plus aisée et moins sujette à l'erreur; mais la nécessité de cette tâche ne sera jamais abolie, avant que chaque mot soit fixe et invariable dans sa signification, en quelque place qu'il se trouve, comme un caractère algébrique, ou comme le nom d'une figure de géométrie.

Que l'on y fasse attention, et l'on verra que la supériorité intellectuelle d'un homme sur un autre, dans les diverses branches de la philosophie morale et politique, dépend du succès avec lequel on a cultivé ces habitudes intérieures d'interprétation inductive, beaucoup plus que de la parfaite connoissance des règles qui font surtout l'objet de l'étude des logiciens de profession. Une preuve de cette assertion, c'est que toute la théorie du syllogisme s'appuie sur cette supposition: que le même mot est toujours employé dans le même sens (car autrement le syllogisme seroit faussé, puisqu'il contiendroit plus de trois termes). Et ainsi dans chaque règle qu'elle nous offre pour guider notre faculté de raisonnement, elle part de cette donnée: que la partie la plus délicate et la plus difficile de beaucoup du procédé logique a été préalablement conduite à une heureuse fin (1).

Mais il est temps de nous livrer à l'examen des procédés du raisonnement. Les diverses

---

(1) Dans l'application pratique de ces principes, on ne pourra manquer d'être frappé de cette remarque, aussi facile qu'importante : c'est que plus les objets de nos raisonnemens sont éloignés des détails particuliers par lesquels sont affectés nos sens, plus s'accroît la difficulté de ces procédés d'induction intérieure. C'est là la source réelle de cette incapacité pour les spéculations générales que Hume a si bien décrite comme un caractère distinctif des esprits non cultivés. Les raisonnemens généraux leur semblent embarrassés par cela seulement qu'ils sont généraux. Il n'est point aisé au vulgaire de saisir dans un grand nombre de cas particuliers la circonstance par laquelle tous se ressemblent, ou de la tirer pure et sans mélange des autres circonstances où elle se trouve confondue. Toute conclusion, tout jugement est chez eux particulier. Ils ne peuvent étendre leurs vues jusqu'à ces propositions universelles qui embrassent sous elles un nombre infini d'individus, et renferment une science entière dans un seul théorème. Leurs yeux sont éblouis d'un point de vue si vaste, et les conclusions qu'on en tire, même lorsqu'elles sont exprimées clairement, leur semblent obscures et confuses

parties dont il se compose, pouvant être séparées les unes des autres, et chacune d'elle énoncée en forme de jugement logique, fournissent par conséquent à nos études des données plus certaines et plus palpables que l'intuition. Je commencerai par quelques remarques sur le raisonnement général, pour lequel l'emploi du langage, comme instrument de pensée, est tout-à-fait indispensable.

SECTION III.

Du Raisonnement général.

Comment formons-nous des raisonnemens généraux? On ne niera point, je pense, que lorsqu'un élève aborde pour la première fois l'étude de la géométrie, il considère les figures placées sous ses yeux comme des objets individuels, et seulement comme des objets individuels. En lisant, par exemple, le théorème qui démontre que les trois angles d'un triangle sont égaux à deux angles droits, il ne pense qu'au triangle qui lui est offert sur la marge de la page. Et même cette figure particulière s'empare tellement de son attention, que ce n'est pas d'abord sans quelque difficulté qu'il applique cette démonstration à un autre triangle dont la forme est différente, ou à ce triangle même placé dans une position inverse. Ce n'est que peu à peu qu'il établit dans son esprit ce principe fondamental de logique : que lorsque l'énonciation d'une proposition mathématique n'enveloppe qu'une certaine part des attributs de la figure qu'elle est employée à désigner, cette même proposition reste encore vraie de toute autre figure qui comprend les mêmes attributs, quoique celle-ci se distingue souvent de la première par d'autres particularités spécifiques.

Mais pour nous former une idée précise de la manière dont s'accomplit ce procédé de l'esprit, il est nécessaire de faire remarquer l'étroite et indissoluble liaison qui existe entre la faculté de faire des raisonnemens généraux, et l'emploi du langage artificiel. C'est au langage que nous devons une classe de signes, qui, en exprimant toutes les circonstances que nous désirons comprendre dans nos raisonnemens, exclut en même temps toutes celles que nous voulons négliger. Le mot de triangle, par exemple, lorsqu'on l'emploie sans épithète, borne notre attention aux trois angles et aux trois côtés de la figure placée devant nous, et nous rappelle dans notre opération qu'aucun point de notre raisonnement ne doit s'appuyer sur aucune des diverses qualités spécifiques que cette figure peut offrir. Toutefois, à la notion que nous attachons au mot *Triangle* pendant que nous lisons la démonstration, se joint en outre cette notion particulière, que ce mot, dans sa valeur partielle ou abstraite, est également applicable à une variété infinie d'autres individus. « Par cette » imposition de noms, dit Hobbes, nous » transportons les conséquences des choses » elles-mêmes à leurs appellations. Suppo- » sons, par exemple, un sourd-muet de » naissance. Si l'on place devant ses yeux » un triangle et à côté deux angles droits, » il pourra trouver par la comparaison et » la méditation, que les trois angles de ce » triangle sont égaux aux deux angles droits » placés à côté. Mais si on lui montre un autre » triangle d'une forme différente, il ne pourra » savoir, sans un nouveau travail, si les » trois angles de celui-ci sont encore égaux

» aux deux angles droits. Mais celui qui a » l'usage de la parole, lorsqu'il observe que » cette égalité étoit une conséquence, non » point de la longueur des côtés, ni de » toute autre qualité propre à ce triangle, » mais seulement de cette circonstance que » les côtés étoient droits, et que les angles » étoient au nombre de trois, lorsqu'il voit » que c'est seulement à cause de ces pro- » priétés qu'il le nommoit triangle, alors il » posera hardiment cette conclusion géné- » rale : que cette égalité des angles se » trouve dans tout triangle quelconque. » Ainsi la conséquence que lui fournit un » cas particulier, devient pour nous une » règle générale; elle nous dispense de tenir » compte du temps et du lieu. Le travail se » fait une fois pour toutes, et ce que nous » avons trouvé vrai à cette place et en ce » jour, nous le proclamons vrai en tout » temps et en tous lieux (1). » C'est ainsi que le langage vient au secours de l'esprit dans la formation des raisonnemens généraux.

---

(1) Hobbes, De l'Homme, Part. I. Ch. IV.

Si nous voulons maintenant chercher quelles généralisations sont les plus faciles en géométrie (et nous choisissons nos exemples dans cette science parce qu'on ne l'aborde ordinairement qu'avec une raison déjà exercée, et capable de l'observer elle-même), nous trouverons qu'aucunes n'entrent aussi aisément dans l'esprit que celles qui ont rapport aux diversités d'épaisseur ou de grandeur. A la seule lecture des premières démonstrations d'Euclide, l'élève voit presqu'immédiatement que l'échelle sur laquelle est construite la figure importe aussi peu à la question que l'épaisseur ou la couleur des lignes qu'elle présente à nos sens.

Les généralisations qui portent sur les diversités de forme ou de position s'accomplissent beaucoup plus lentement, et cela par la raison évidente que ces différences sont beaucoup plus fortement marquées, beaucoup plus distinctes les unes des autres comme objets de vision et de conception. Ce qui montre manifestement de quelle difficulté, comparativement parlant, est en pareil cas le procédé de généralisation, c'est l'embarras qu'éprouvent les élèves, quand ils appliquent la quatrième proposition à la démonstration de la cinquième. La position renversée, et la coïncidence partielle des deux triangles au-dessous de leur base, semblent rendre leur rapport mutuel si différent de celui des deux triangles séparés avec lesquels l'œil s'étoit d'abord familiarisé, qu'il n'est point étonnant qu'en cette circonstance la marche du raisonnement soit suivie par un novice avec quelque doute et quelque hésitation.

Le calcul algébrique, lorsqu'on l'applique à la géometrie, place encore cette doctrine dans un jour plus frappant, en faisant embrasser d'une seule vue tous les cas possibles d'un problème, et en renfermant souvent une science entière dans un seul théorème général, qui, déduit longuement en propositions, et démontré à la manière des anciens, auroit aisément fourni le sujet d'un long traité. Certes, on ne supposera pas que pendant que nous lisons une telle démonstration géométrique, ou que nous suivons la marche successive du procédé algébrique, notre esprit embrasse tous les cas possibles auxquels s'étendent nos raisonnemens. Il en arrive si bien autrement que la vaste étendue de la conclusion n'est découverte que par une sorte d'induction subséquente ; et jusqu'à ce que l'habitude nous ait familiarisés avec de pareilles découvertes, elles ne manquent jamais d'exciter en nous une sorte de transport.

De ce que nous venons d'exposer ci-dessus, il s'ensuit que pour arriver à une conclusion générale dans les mathématiques, et la même règle s'applique aux autres sciences, deux procédés divers de raisonnement sont nécessaires. L'un est la démonstration de la proposition en question, pendant l'examen de laquelle nous ne sommes certainement occupés que de la figure individuelle qui est devant nous. L'autre est ce progrès de notre pensée qui applique cette conclusion particulière à toute figure qui peut être énoncée dans les mêmes termes. Comme ce dernier exercice de la pensée est essentiellement le même dans tous les cas, nous cessons insensiblement de le répéter jusqu'à ce que nous arrivions à la longue à généraliser, sans même y songer, notre conclusion particulière, à l'instant même où elle est formée, ou, en d'autres termes, à la considérer comme une proposition qui comprend à elle seule un nombre infini de vérités particulières. Une fois cette habitude prise, nous oublions par quels lents degrés nous y sommes arrivés, et nous sommes portés à croire qu'une conclusion générale se déduit immédiatement d'une démonstration générale, et que, malgré la présence d'une seule figure, nous avons dû songer à chaque pas, que notre esprit a en vue, non point cette simple figure, mais des idées générales. De là l'usage ordinaire parmi les logiciens de ces phrases scolastiques et mystérieuses, dont l'effet inévitable, quelque peine qu'on se donne pour les interpréter d'une manière qui ne répugne point trop au bon sens, est de nous faire perdre de vue le procédé réel de l'esprit humain dans la généralisation de ses connoissances.

SECTION IV.

De la démonstration mathématique.

I.

De la circonstance d'où dépend essentiellement l'évidence démonstrative.

Le caractère particulier de cette espèce d'évidence qu'on nomme démonstrative, et qui distingue si fortement les conclusions mathématiques de celles que nous offrent les autres sciences, est un fait qui doit avoir attiré l'attention de quiconque n'est pas tout-à-fait étranger aux élémens de la géométrie. Et cependant je doute qu'on ait encore expliqué d'une manière satisfaisante à quelles circonstances est dû ce caractère. Locke nous dit : Ce qui constitue une démonstration, c'est l'évidence intuitive qui accompagne chaque membre du raisonnement. J'avouerai volontiers, que si dans un seul des membres cette évidence s'obscurcissoit, les autres parties de la démonstration seroient de nulle valeur. Cependant, je ne pense pas que ce soit de cette intuition que dépend l'évidence démonstrative de la conclusion, quand bien même nous ajouterions encore cette autre condition sur laquelle Reid insiste beaucoup : qu'il faut que les premiers principes soient intuitivement certains. J'ai déjà relevé l'inexactitude de cette proposition, en parlant de l'évidence des axiomes. J'observois en outre que les premiers principes dans nos raisonnemens mathématiques, ce ne sont pas les axiomes, mais les définitions. C'est encore sur cette dernière circonstance (je veux dire, cette propriété d'avoir des définitions pour principe de raisonnement) qu'est fondée toute la théorie de la démonstration mathématique. C'est ce que je veux expliquer ici assez au long, en tâchant d'établir en même temps quelques-unes des plus importantes conséquences qui s'en déduisent.

Je suis loin d'ailleurs de réclamer pour cette doctrine les honneurs de l'invention. L'idée principale qu'elle renferme a déjà été plus d'une fois exposée, même avec certain développement, par divers écrivains anciens ou modernes. Mais dans tous elle est tellement confondue avec d'autres considérations de même sorte tout-à-fait étrangères au point en question, que l'attention de l'auteur, aussi bien que celle du lecteur, s'écarte du seul principe dont puisse sortir la solution du problème. Sans doute, ce sont d'immenses avantages que ceux que tirent les mathématiques, et de la nature des rapports dont elles traitent, et de cette langue où tout est si simple et si bien défini, et de cette sévérité de logique, si admirablement déployée dans l'enchaînement de leurs innombrables théorèmes. Mais tout cela n'a aucune liaison nécessaire avec ce qui fait le sujet de nos recherches en ce moment.

Nous l'avons déjà remarqué : tandis que, dans toutes les autres sciences, les propositions que nous cherchons à établir expriment des faits réels ou supposés, en mathématique les propositions que l'on démontre affirment seulement un rapport entre certaines suppositions et certaines conséquences. Ainsi nos raisonnemens, dans cette science, sont dirigés vers un objet entièrement différent de celui que nous nous proposons dans tout autre emploi de nos facultés intellectuelles. Ils ont pour but, non point d'affirmer des vérités au sujet d'existences réelles, mais de tracer une suite logique de conséquences qui sortent d'une hypothèse donnée. Si en partant de cette hypothèse, nous raisonnons d'une manière exacte, il est manifeste que rien ne sauroit manquer à l'évidence du résultat, puisqu'il ne fait qu'affirmer une liaison nécessaire entre la supposition et la conclusion. Dans les autres sciences, au contraire, en admettant même que toute ambiguité dans le langage ait disparu, que chaque membre de la déduction soit rigoureusement exact, nos conclusions pourront encore être plus ou moins certaines, puisqu'elles se fondent en dernière analyse sur des principes qui correspondent plus ou moins aux faits mêmes.

Dans les branches de nos études qui ont pour objet la morale ou la politique, le système de connoissances qui se rapproche le plus selon moi d'une science hypothétique comme les mathématiques, c'est un code de jurisprudence; ou plutôt on peut concevoir qu'un tel code offrît cette ressemblance, si la rédaction en étoit systématique et conforme en toutes ses parties à certains principes généraux ou fondamentaux. Que ces principes fussent ou non justes et utiles, du moins il est possible, évidemment, en raisonnant conséquemment d'après ces données, de créer un corps de science artificiel ou conventionnel plus systématique et en même temps plus complet que ne pourroit l'être, dans l'état présent des connoissances, aucune des sciences qui reposent en dernière analyse sur les règles éternelles et immuables de la vérité et de l'erreur, du bien et du mal.

Mais si l'imagination peut se représenter dans les systèmes de morale ou de politique quelque chose d'analogue aux conclusions hypothétiques des mathématiques, de même aussi, par un effet contraire, si le mathématicien affirmoit de la propriété générale du cercle, qu'elle s'applique à une figure particulière tracée sur le papier, il rabaisseroit tout d'un coup un théorème géométrique au niveau d'un fait ordinaire, dont l'évidence repose sur nos sens imparfaits. Toute l'exactitude de son raisonnement ne pourroit jamais donner à sa proposition cette évidence particulière à qui appartient proprement le nom de *mathématique*, tant qu'il resteroit douteux en fait, si par exemple toutes les lignes droites tirées du centre à la circonférence de la figure sont mathématiquement égales.

Ces observations m'amènent à remarquer une méprise des plus communes et des plus dangereuses que fait naître l'imperfection du langage. Les définitions mathématiques sont par leur nature essentiellement différentes de celles qu'on emploie dans toute autre science. Cependant les logiciens, après avoir montré les erreurs où nous jette un langage équivoque, ne manquent pas d'invoquer l'exemple des mathématiciens pour prouver de quel immense avantage il nous seroit, dans nos raisonnemens, de n'user que d'expressions toutes définies avec le plus de soin possible. Il est vrai : il n'y a pas dans les mathématiques un seul mot équivoque, et les mathématiciens en sont surtout redevables à l'usage des définitions. Mais c'est un avantage que leur assurent aisément, et le peu d'étendue de leur vocabulaire, et la netteté des idées qui entrent dans leurs raisonnemens; et quant à la différence qui existe à cet égard entre les mathématiques et les autres sciences, toute grande qu'elle soit, encore n'est-ce qu'une différence de degré, qui ne sauroit à elle seule expliquer suffisamment la différence essentielle que chacun peut remarquer entre l'irrésistible évidence d'une démonstration mathématique, et celle de tout autre raisonnement.

D'où peut donc naître cette évidence? C'est que dans les mathématiques les définitions ont deux objets : non-seulement elles préviennent l'ambiguité des termes, mais elles servent aussi de principes de raisonnement. Et c'est à cette dernière circonstance, je veux dire à l'emploi d'hypothèses au lieu de faits réels pour données, que doit être attribuée cette force particulière de l'évidence démonstrative. Ce n'est que sous le rapport du premier usage des définitions, qu'on pourroit comparer les mathématiques et les autres sciences qui se fondent sur des faits réels. Et alors ce n'est pas donner une grande preuve de l'utilité des définitions en général, que d'en appeler à l'infaillible certitude des mathématiques, puisque leur supériorité dérive d'une source toute différente, quoique nommée du même nom, et qu'elles la réclameront toujours comme leur privilège exclusif.

N'oublions pas que c'est seulement dans les mathématiques pures que nous pouvons placer les définitions au commencement de nos recherches. Dans beaucoup d'autres cas, une discussion préalable est nécessaire pour montrer que les définitions que nous apportons correspondent aux faits réels, et souvent une définition juste est le but même que nous proposons à nos recherches. « Lorsque nous définissons, observe judicieusement M. Burke, nous sommes en danger de circonscrire la nature dans les bornes de nos propres notions, souvent dues au hasard, ou acceptées de confiance, ou formées d'après un examen partiel et borné, au lieu d'étendre nos idées pour embrasser tout ce que comprend la nature dans ses combinaisons. Nous sommes arrêtés dans nos recherches par les strictes lois que nous nous sommes imposées dès notre début. Une définition, qu'elle qu'en soit la vertu, doit plutôt suivre que précéder nos recherches, et doit en être regardée comme le résultat. »

De l'oubli de ces considérations, et de l'aveugle imitation de l'ordre mathématique dans des études où les faits sont compris parmi les principes de nos raisonnemens, sont sorties mille erreurs qu'il seroit facile de montrer, dans les écrits des philosophes.

Si notre doctrine sur l'évidence démonstrative est juste, la conséquence en est : que nulle suite de raisonnement ne mérite le nom de démonstration dans le sens mathématique du mot, qui ne se résout point en dernière analyse dans des hypothèses ou des définitions. Nous avons déjà montré que ce dernier caractère étoit celui de la géométrie ; c'est encore manifestement celui de l'arithmétique qui partage avec cette science le nom de mathématiques. Ces simples équations arithmétiques : $2+2=4$, $2+3=5$, et autres propositions élémentaires de la même sorte, sont de pures définitions, parfaitement analogues à cet égard à celles qui sont à la tête de la géométrie ; et c'est de quelques-uns de ces principes fondamentaux, ou du moins de principes essentiellement du même genre, que sortent les résultats les plus compliqués de la science.

Peut-être pourroit-on craindre que notre conclusion générale au sujet de la démonstration mathématique ne rencontrât une exception dans les raisonnemens sur les problèmes géométriques ; ces raisonnemens s'appuient, comme chacun sait, en dernière analyse sur une classe particulière de principes qu'on appelle *postulata*, et que l'on croit communément si semblables aux axiomes, qu'on ne voit aucun inconvénient à les désigner sous le même nom. Le *postulatum* a un étroit rapport avec l'axiome, a-t-on dit; c'est un problème évident par soi-même, comme l'axiome est un théorème évident par soi-même.

Pour moi, je n'hésiterai point à affirmer que c'est aux définitions et non point aux axiomes que les *postulata* doivent être comparés sous le double rapport de leur nature et de leur importance logique. De même que dans la géométrie plane toutes les démonstrations se fondent sur les définitions, de même aussi toutes les constructions qu'elle reconnoît comme légitimes peuvent se résoudre dans les *postulata*. Ajoutons que dans le point de vue d'Euclide, les problèmes ne sont pas moins hypothétiques que les théorèmes, puisque la possibilité de tirer une ligne droite, et de décrire un cercle mathématique, sert de donnée pour la construction de chaque problème, de même que dans l'énoncé d'un théorème on part de l'*existence* une fois admise de la ligne droite et du cercle, tels que les définissent les mathématiques. Il s'en suit donc que le raisonnement qui conduit à la solution du problème, n'est pas moins démonstratif que celui qui sert à prouver un théorème. Accordez la possibilité des trois opérations décrites dans les *postulata*, et l'exactitude de la solution est mathématiquement certaine, autant que les propriétés diverses du triangle ou du cercle. Les trois *postulata* d'Euclide ne sont à vrai dire rien autre chose que les définitions du cercle et de la ligne droite sous une forme un peu différente; remarque qui peut s'étendre aussi à la division correspondante des propositions en théorèmes et en problèmes. Malgré tous les avantages de cette classification, il est évident que c'étoit là plutôt une affaire de choix qu'une nécessité, puisque toutes les vérités de la géométrie se laissent aisément jeter dans une autre forme, selon le caprice du mathématicien. Quant aux axiomes, quelque opinion que l'on ait d'ailleurs de leur utilité ou de leur insignifiance, il n'est pas douteux que leur rapport avec ces deux classes de propositions ne soit précisément le même.

II.

Suite du même sujet. Jusqu'à quel point il est vrai que l'évidence mathématique peut se résoudre dans la perception de l'identité.

C'est ici le lieu de faire mention d'une théorie sur la nature de l'évidence mathématique tout-à-fait différente de celle que je viens de chercher à établir. Suivant ce système, dont la première idée appartient je crois à Leibnitz, toute évidence mathématique se résout en dernière analyse dans la perception de l'identité; l'innombrable variété des propositions découvertes ou à découvrir n'étant que l'expression diversifiée de cette simple formule A=A. « Le géomètre,» a dit un écrivain aussi distingué comme mathématicien que comme philosophe, « le » géomètre avance de supposition en supposition; et retournant sa pensée sous mille » formes, c'est en répétant sans cesse : le » même est le même, qu'il opère tous ses » prodiges. » Comme ce système sur l'évidence mathématique me semble tout-à-fait inconciliable avec les observations précédentes, il est nécessaire, avant d'aller plus loin, d'examiner son importance réelle, et quelles circonstances lui ont prêté cette vraisemblance qu'on lui accorde si généralement.

Que l'évidence mathématique se résolve en dernière analyse dans la perception de l'identité, c'est ce que quelques personnes ont considéré comme une conséquence de la doctrine reçue, que les axiomes sont les premiers principes de nos raisonnemens en géométrie. Je n'ai rien à ajouter sur ce point à ce qui a déjà été établi. L'argument que je veux combattre à présent est d'une nature plus fine et plus subtile, et en même temps se complique d'un certain mélange de vérité qui ne contribue pas peu à la vraisemblance de la conclusion. Il est fondé sur cette simple considération que les notions géometriques d'*égalité* et de *coïncidence* sont une même chose, et que même lorsque nous comparons ensemble les espaces de figures différentes, de deux triangles, par exemple, toutes nos conclusions en dernière analyse portent de tout leur poids sur la superposition fictive d'un triangle sur l'autre; superposition dont l'objet est purement d'*identifier* les deux triangles dans toutes leurs qualités de grandeur et de figure.

La donnée sur laquelle repose cet argument est de toute justesse, et je ne songe pas à élever contre elle le doute le plus léger. Qu'on prenne dans les élémens de géométrie un théorème où des espaces différens sont comparés ensemble, et l'on s'apercevra aisément que la démonstration, quand on la fait remonter jusqu'aux premiers principes, vient aboutir à la quatrième proposition du premier livre d'Euclide. Dans le cas où les triangles égaux différeroient par la figure, cet expédient de superposition idéale ne pourroit, il est vrai, être immédiatement employé pour faire ressortir leur égalité. Mais en les divisant en compartimens tels, que la somme des parties de l'un soit prouvée égale à la somme des parties de l'autre, on se convaincra que la démonstration en ce cas repose au fond sur la même espèce d'évidence. Et le géomètre n'est pas le seul qui raisonne d'après ce principe. Si l'on désire convaincre une personne d'un sens droit, mais étrangère aux mathématiques, de la vérité d'un des théorèmes d'Euclide, on n'y réussira qu'en exécutant sous ses yeux des opérations matérielles, exactement analogues à celles que la géométrie offre à l'entendement. Et véritablement, ce mode de comparaison par superposition réelle ou idéale, est la seule preuve d'égalité à laquelle on puisse en appeler.

Je suis fort enclin à croire que la plupart des écrivains qui ont établi que l'évidence mathématique se résout dans la perception de l'identité, avoient en vue cette doctrine de l'égalité des figures, et qu'ils s'en sont imposé à eux-mêmes en se servant des mots *identité* et *égalité* comme de termes parfaitement synonymes, ce qui ne s'accorde nullement, ni pour l'expression, ni pour le fait même, avec une saine logique. Lorsqu'on affirme, par exemple, que l'aire d'un cercle est égale à celle d'un triangle ayant la circonférence pour base et le rayon pour hauteur, seroit-on en droit d'en conclure que le rapport perçu entre ces deux figures peut être exprimé par la formule A = A, et ne seroit-ce pas un évident paralogisme d'inférer de cette proposition que le triangle et le cercle sont une seule et même chose? Aussi, pour réconcilier ici le langage d'Euclide avec celui d'Archimède, est-on obligé d'avoir recours à une distinction scolastique entre la coincidence actuelle et la coincidence potentielle. Et si nous voulons nous aider du principe de la superposition pour défendre la théorie reçue au sujet de l'évidence mathématique, j'ai bien peur qu'il ne nous faille introduire une distinction pareille entre l'identité actuelle et l'identité potentielle.

Toutefois, pour éviter d'être accusé de dénaturer une opinion que j'ai besoin de réfuter, je vais la consigner ici dans les termes mêmes d'un auteur qui en a fait le sujet d'une dissertation particulière, et qui me semble avoir dit autant en faveur de cet argument qu'aucun autre de ses défenseurs.

« Toutes les propositions des mathématiciens sont identiques et peuvent se représenter par cette formule A=A. Ce sont des vérités identiques, exprimées sous des formes diverses : c'est le principe de contradiction lui-même énoncé et impliqué de différentes manières ; car en dernière analyse, toutes les propositions de ce genre sont contenues dans ce principe. Suivant

» l'étendue de notre intelligence, on remar- » que une différence dans la suite plus ou » moins longue de raisonnemens par la- » quelle ces propositions se ramènent au » principe premier pour s'y résoudre. Ainsi » la proposition $2+2=4$ se traduit de suite » en celle-ci : $1+1+1+1=1+1+1+1$, » c'est-à-dire : *le même est le même ;* et à » proprement parler, elle devroit être énon- » cée ainsi : *s'il arrive qu'il existe quatre* » *êtres, alors quatre êtres existent ;* car » l'existence n'est qu'hypothétique pour » les géomètres. De là nait une certitude » complète pour celui qui considère ces » raisonnemens, car il observe l'identité de » ces idées, et c'est cette évidence qui » force immédiatement l'assentiment que » l'on appelle géométrique ou mathéma- » tique. Au reste, ce n'est pas là une pro- » priété particulière aux mathématiques, » car elle nait de la perception de l'iden- » tité ; et cette perception peut encore » avoir lieu quand même les idées dont » on s'occupe n'auroient pas l'étendue pour » objet. (1) »

---

(1) Extrait d'une dissertation imprimée à Berlin

Sur ce passage je ne ferai qu'une seule remarque; c'est que l'auteur confond deux choses essentiellement différentes, la nature des vérités qui sont les objets d'une science, et la nature de l'évidence par laquelle sont établies ces vérités. Accordons un moment que toutes les propositions mathématiques puissent être représentées par la formule A = A. Il ne s'en suit pas pour cela que tous les pas du raisonnement qui mènent à cette conclusion soient des propositions de la même nature, et que, pour sentir toute la force d'une démonstration mathématique, il suffise d'être convaincu de cette maxime, que toute chose peut être affirmée avec vérité d'elle-même, ou, en d'autres termes, que le même est le même. Une lettre écrite en chiffres, et l'interprétation de cette lettre par un expert, pourroient à ce compte être considérées à tous égards comme une seule et même chose. En fait, elles ne font qu'un de la même manière que l'un des membres d'une équation ne fait qu'un avec l'autre. Mais en peut-on con-

---

en 1764, et citée par le D.r Beattie dans son Essai sur la vérité. Voyez P. 221, 2.me édit.

clure que toute l'évidence sur laquelle s'appuie l'art de déchiffrer, se résout dans la perception de l'identité?

L'on peut en outre demander s'il est bien exact de dire, même de cette simple équation 2+2=4, qu'elle peut être représentée par la formule A=A. L'une est une proposition qui affirme la valeur égale de deux expressions différentes; affirmation qui dans mille circonstances peut être un objet de la plus haute importance. L'autre est tout-à-fait insignifiante et frivole, et il n'est pas de supposition qui puisse en montrer la moindre application pratique. Qu'on se figure la proposition A=A considérée comme la représentation d'une formule telle que celle du binôme de Newton! Quand on l'applique à l'équation 2+2=4, à laquelle son expression si simple et si familière donne presque l'évidence d'un axiome, le paradoxe ne peut pas paroître d'une extravagance aussi manifeste; mais dans l'autre cas, il semble presqu'impossible d'y attacher aucun sens.

Je ne me serois point laissé aller si long-temps à combattre cette théorie de Leibnitz sur l'évidence mathématique, si je n'eusse observé parmi les logiciens de ces derniers temps, surtout parmi les disciples de Condillac, une disposition croissante à l'étendre à toutes les différentes sortes d'évidences qui résultent de l'emploi varié de notre faculté de raisonner. Condillac lui-même établit son opinion sur ce point avec la plus entière confiance. « L'évidence de raison » consiste uniquement dans l'identité ; c'est » ce que nous avons démontré. Il faut que » cette vérité soit bien simple pour avoir » échappé à tous les philosophes, quoiqu'ils » eussent tant d'intérêt à s'assurer de l'évi» dence dont ils avoient continuellement » le mot à la bouche. »

Cette démonstration qu'il dit avoir donnée est extrêmement concise, et si nous accordons les deux données sur lesquelles elle s'appuie, elle devra être universellement reconnue comme irrésistible. La première, c'est que l'évidence de toute équation mathématique est celle de l'identité. La seconde, c'est que ce qu'on appelle proposition ou jugement est au fond précisément de la même nature que l'équation. Mais laissons-le parler lui-même :

« Mais, dira-t-on, c'est ainsi qu'on rai-

» sonne en mathématiques, où le raisonne-
» ment se fait avec des équations. En sera-
» t-il de même dans les autres sciences, où
» le raisonnement se fait avec des propo-
» sitions? Je réponds qu'équations, proposi-
» tions, jugemens, sont au fond la même
» chose, et que par conséquent on raisonne
» de la même manière dans toutes les
» sciences (1). »

Je n'ai aucun commentaire à donner sur cette démonstration. La vérité de la première assertion a déjà été examinée assez au long, et la seconde, qui n'est que l'opinion erronée de Locke sur le jugement, reproduite en termes incomparablement plus dignes de reproche, est trop puérile pour être susceptible d'une réfutation.

Combien ce philosophe n'eût-il pas été mortifié, s'il eût découvert qu'en cherchant à généraliser une théorie célèbre de Leibnitz, il étoit tombé sur un système usé, qui étoit né en Angleterre plus d'un siècle auparavant. « Lorsqu'un homme raisonne, dit
» Hobbes, il ne fait rien autre chose que
» de concevoir une somme totale comme

(1) La Logique, Chap. VIII.

» résultat de l'addition des parties, ou une
» somme restant comme résultat d'une
» soustraction ; c'est-à-dire, si l'opération
» se fait par des mots, le raisonnement
» consiste à reconnoître la conclusion, des
» noms des parties au nom du tout, ou des
» deux noms du tout et d'une de ses parties
» au nom de la seconde. Ces opérations ne
» s'appliquent pas aux nombres seulement,
» mais à tout ce qui est susceptible d'addi-
» tion et de soustraction; et le raisonne-
» ment n'a rien à faire là où il n'y a lieu
» ni à soustraire ni à additionner. »

Conformément à cette définition, Hobbes a intitulé la première partie de ses élémens de philosophie : *Computatio sive logica.* Ces deux mots pour lui étoient évidemment synonymes; et l'on voit combien un pareil langage s'accorde merveilleusement avec cette assertion de Condillac que toutes les équations sont des propositions, et toutes les propositions des équations.

Mais ces idées de Condillac et Hobbes se rapportent au raisonnement en général, et ce n'est que du raisonnement mathématique que nous nous occupons maintenant. Sur ce point, je me flatte d'avoir prouvé d'une manière suffisante que l'évidence particulière qui s'attache à la démonstration mathématique ne peut pas se ramener à la perception de l'identité. Je m'empresse de continuer l'examen de la distinction que j'ai établie entre les sciences qui reposent sur des faits, et celles où les définitions et les hypothèses sont les seuls principes de nos raisonnemens.

III.

Suite du même sujet. Que l'évidence des sciences mécaniques ne doit pas être confondue avec celle qu'on nomme proprement démonstrative ou mathématique. Erreur de quelques écrivains à ce sujet.

Après la géométrie et l'arithmétique, la science la plus pleinement en possession de l'évidence et de la certitude, c'est cette branche de la physique générale qu'on appelle mécanique, et qui, dans l'enchaînement systématique et dans la filiation de ses principes élémentaires, développe chaque jour de plus en plus cette simplicité logique, et cette élégance que nous admirons dans les ouvrages des mathématiciens grecs. On peut, je crois, demander si dans cette partie de nos connoissances, l'affectation de la méthode mathématique n'a pas déjà été poussée trop loin, et si l'on n'a pas trop soigneusement travaillé à effacer la différence essentielle qui existe entre ces deux sciences, en les exposant, autant que possible, sous les mêmes formes. Comme cette assimilation, outre sa tendance évidente à entourer de ténèbres métaphysiques des faits dus à la seule expérience, peut encore entraîner les esprits aux conclusions logiques les plus erronées, il est bon d'exposer ici, et quelles causes l'ont fait naître, et dans quelles limites elle doit se renfermer.

1.° Comme l'étude de la mécanique est inaccessible en grande partie à quiconque n'a pas reçu une instruction mathématique assez complète, il arrive communément que dans les premiers temps l'on ne se sent porté vers cette science que par le goût que l'on a éprouvé par les recherches des mathématiques pures et abstraites. De là un penchant naturel et insensible à transporter les habitudes d'esprit mathématiques dans l'étude des faits physiques, et à donner à cette dernière science, dans toutes ses conclusions diverses, cet enchaînement systématique essentiel à la première à cause de ses principes, mais à jamais inapplicable à toute science qui se fonde sur des faits demandés à l'expérience et à l'observation.

2.° Une autre circonstance non moins influente, c'est ce penchant à simplifier qui a toujours égaré plus ou moins l'esprit humain dans ses recherches, et qui dans les sciences naturelles est surtout encouragé par ces belles analogies que l'on observe entre différens phénomènes physiques, mais qui, tout en charmant notre imagination, ne se laissent pas toujours résoudre par notre raison dans une loi générale. Une analogie remarquable, par exemple, est celle qui se présente entre l'action et la réaction dans le choc des corps, et ces mêmes phénomènes dans l'attraction mutuelle. Ici la coïncidence est si parfaite qu'elle nous permet de renfermer ces faits divers dans un même théorème; et il est difficile de résister à la tentation que semble offrir à l'esprit ce théorème, de chercher à le ramener dans les deux cas à un principe commun. Non pas que je veuille censurer indistinctement tous ces essais d'une habile théorie; mais dans cet exemple-ci, je suis persuadé qu'il est à la fois, et plus irréprochable, quant à la saine logique, et plus satisfaisant pour l'élève, de poser chacun des faits en particulier par un appel à l'expérience, et d'établir ensuite la loi de l'action et de la réaction dans le choc des corps, aussi bien que cette autre loi qui détermine les tendances mutuelles des corps les uns vers les autres, simplement comme des lois générales, que l'on doit à l'induction, et que l'on retrouve toujours invariables, aussi loin que s'étend notre connoissance de la nature.

3.° Ajoutons à ces réflexions que, dans les sciences naturelles, lors même qu'une proposition est logiquement déductible d'une autre, il peut souvent être bon, quand on a à communiquer les élémens de la science, d'éclairer et de confirmer la conséquence aussi bien que le principe par l'expérience. Une telle précaution seroit assez utile toutes les fois que l'on auroit une conséquence à déduire d'un principe moins familier et moins facile à saisir que cette conséquence même : circonstance que peut amener en physique ce mélange qui a confondu les vérités physiques avec les découvertes des mathématiciens, et qui, en systématisant les conclusions suivant la méthode de ces derniers, a donné aux sciences naturelles une forme mathématique. Cependant, le caractère de leur évidence est bien différent. Dans la géométrie pure, le moindre secours demandé aux sens, dans la moindre partie de la démonstration théorique, suffisoit pour la fausser tout entière. Mais dans les sciences naturelles, nos raisonnemens se fondent sur des principes dont toute l'évidence repose sur les sens; et la seule différence entre les propositions que nous établissons, c'est qu'elles sont déduites de ces principes, ou immédiatement, ou par le moyen d'une démonstration mathématique. Ainsi la preuve expérimentale d'une vérité physique particulière, quoiqu'elle ne soit pas toujours le moyen le plus élégant et le plus sûr de transmettre une connoissance, en est cependant un tout aussi rigoureux et tout aussi satisfaisant que les autres ; car l'intervention du raisonnement mathématique ne peut jamais donner à nos conclusions un degré de certitude plus haut que celui que possèdent les principes.

Enfin, de cet emploi de la méthode mathématique naissent d'autres inconvéniens plus grands encore que celui d'une logique défectueuse introduite dans les élémens des sciences naturelles. Je veux surtout ici parler de ce penchant qui en résulte à éloigner son attention de cette unité de dessein dans l'univers, qu'une des plus nobles fonctions de la philosophie est de faire ressortir et éclater à tous les yeux, en la déguisant sous l'apparence d'un ordre éternel et nécessaire, comme celui que le mathématicien se complait à marquer entre les rapports mutuels des quantités et des figures. La conséquence d'un tel système a été d'assimiler dans plus d'un traité de physique l'étude de la nature, sous le rapport de l'intérêt moral, aux recherches de l'algébriste ; doctrine funeste qui a trouvé moyen de s'introduire là même où la sublimité du sujet faisoit moins redouter de la rencontrer, c'est-à-dire, dans l'application de la mécanique aux phénomènes célestes. Mais c'est là un sujet trop important et trop étendu pour être traité en passant.

SECTION V.

Des raisonnemens qui ont pour objet les verités probables ou contingentes.

Si ce que nous avons avancé sur la nature de l'évidence démonstrative est admis, le domaine qu'elle embrasse doit être borné presqu'aux seuls objets des mathématiques pures. Mais si la démonstration mathématique est un privilège exclusivement attaché aux vérités hypothétiques ou conditionnelles, d'où vient donc en ce cas cette utilité tant de fois éprouvée des connoissances mathémaques dans nos recherches physiques, ou dans les arts de la vie? La réponse se trouvera, je crois, dans certaines propriétés des objets auxquels s'appliquent les suppositions des mathématiciens, propriétés telles qu'elles amènent sous nos sens des circonstances combinées de manière à réaliser ces suppositions beaucoup plus que ne le feroit tout autre procédé théorique de l'esprit. De là une correspondance parfaite entre les conclusions abstraites des mathématiques, et ces faits de géométrie pratique ou de physique qu'elles nous aident à établir infailliblement.

Ajoutons, pour rendre encore plus clair ce que nous venons de dire, que, quoique la force particulière du raisonnement appelé mathématique dépende de cette circonstance, que les principes sur lesquels il se fonde sont hypothétiques, cependant, si dans un seul cas la supposition pouvoit être affirmée comme réalisée actuellement, la conclusion pourroit alors être appliquée avec la même certitude. Mais comme l'imperfection de nos sens rend cette circonstance impossible, les vérités de la géométrie ne pourront jamais, dans leurs applications pratiques, posséder l'évidence démonstrative, mais seulement cette sorte d'évidence que les organes de notre perception nous permettent d'atteindre. Heureusement il arrive que cette même imperfection de nos sens qui restreint ainsi ce que nous pouvons obtenir de vraiment exact pour les données matérielles de nos raisonnemens en physique, n'en demande pas non plus davantage, dans nos déductions subséquentes, pour ce qui est d'une utilité pratique. Enfin, l'étonnante précision que le génie des modernes a donné aux instrumens mathématiques, a communiqué aux résultats de la géométrie pratique une exactitude qui surpasse les besoins ordinaires de la vie humaine et qui va bien au-delà des conjectures les plus hardies de nos pères à ce sujet.'

Cette coïncidence vraiment singulière de propositions purement hypothétiques avec des faits qui tombent sous les sens, est due, comme nous l'avons dit, à la nature particulière dont s'occupent les mathématiciens, et à la facilité que nous donne leur mensurabilité d'ajuster, à un degré d'exactitude fort approchant de la vérité, les données d'après lesquelles nous raisonnons dans nos opérations pratiques, à celles que nous fournit la théorie. Les seules qualités de la matière que ces objets embrassent, sont l'étendue et la forme, qualités que la matière possède en commun avec l'espace, et qui pour cette raison peuvent être séparées en fait, aussi bien qu'abstraites en idée, de toutes les autres qualités sensibles. Ainsi, dans l'examen des rapports de quantité attachées à ces qualités dont nous parlons, nous ne sommes point exposés à être troublés par ces accidens physiques qui dans les autres applications de la science mathématique rendent nécessairement le résultat plus ou moins différent de la théorie. On veut connoître la hauteur d'une montagne, ou la surface d'un pays : si nous pouvons affirmer la certitude de nos données, et que d'après ces données nous raisonnons avec une rigueur mathématique, on peut regarder le résultat comme exact à fort peu de chose près. Au contraire, dans les plus simples applications des mathématiques à la mécanique et à la physique, les abstractions nécessaires de la théorie doivent toujours négliger des circonstances qui sont cependant essentiellement liées aux faits. Par exemple, quand on démontre les propriétés du levier, on abstrait entièrement son propre poids, pour le considérer comme une ligne mathématique inflexible, supposition qui ne peut jamais s'accorder avec le fait, et dont il faut toujours tenir compte en pratique, dans des proportions que l'expérience physique peut seule nous enseigner.

Après la géométrie pratique, proprement dite, une des plus faciles applications de la théorie mathématique est celle qui s'offre dans ces branches d'optique que l'on a distinguées sous les noms de Catoptrique et de Dioptrique. Dans ces sciences, les principes physiques dont on parle sont peu nombreux, définis d'une manière précise, et le reste des opérations est purement géométrique, comme dans les élémens d'Euclide.

De même, dans cette partie de l'astronomie qui a seulement rapport aux phénomènes, sans aucune considération des causes physiques, nos raisonnemens sont purement géométriques. Sans doute, il faut que les données aient été préalablement établies par l'observation; mais les conséquences que nous en tirons sont liées avec elles par la démonstration mathématique, et sont accessibles à tous ceux qui connoissent la théorie des sphères.

Dans les exemples que nous venons de donner, l'évidence de nos conclusions se résout en dernière analyse, non-seulement dans l'évidence des sens, mais aussi dans une autre loi de croyance dont nous avons fait mention plus haut, celle qui nous porte à attendre pour l'avenir la continuation de l'ordre établi dans les phénomènes physiques. Un exemple bien remarquable s'en offre à nous dans les calculs de l'astronome, sur la foi desquels il prédit avec la plus parfaite assurance, mille siècles avant l'événement, les phénomènes que les corps célestes offriront un jour. Cette croyance, qui se retrouve aussi dans toutes nos conclusions au sujet des affaires humaines, se rapporte aux événemens considérés non point comme nécessaires, mais seulement comme probables et contingens, attendus par nous avec une pleine confiance, sans que rien cependant les démontre infaillibles. De pareilles conclusions diffèrent essentiellement de celles auxquelles nous sommes conduits par les démonstrations des mathématiques pures, qui non-seulement commandent notre assentiment aux théorèmes qu'elles établissent, mais de plus mettent en nous cette conviction, que les propositions contraires sont absurdes.

Ces exemples peuvent suffire pour donner une idée générale de la différence qui sépare l'évidence démonstrative de l'évidence probable, et je les ai tirés exprès de sciences où elles se trouvent en contraste immédiat l'une avec l'autre, et où l'autorité de toutes deux a été jusqu'ici également respectée. Mais, avant de continuer nos réflexions sur l'évidence probable, je crois que nous devons donner quelque attention au fondement de cette importante supposition sur laquelle s'appuie la stabilité de l'ordre de la nature.

II.

Nous avons déjà fait mention d'une loi remarquable de l'esprit qui nous conduit irrésistiblement à appliquer aux événemens futurs les résultats de notre expérience passée. Sans reprendre ici ce que nous avons dit de son origine et de sa nature, nous nous bornerons à de courtes réflexions sur cet ordre établi dans la succession des événemens, que l'esprit, sans y faire attention, reconnoît comme un fait, et qui, s'il venoit à manquer, ne laisseroit dans la vie humaine qu'une suite continuelle d'erreurs et de méprises.

Dans le langage de la science moderne, l'ordre établi dans la succession des événemens physiques, est ordinairement rapporté, par une sorte de figure ou de métaphore, aux lois générales de la nature. C'est une manière de parler fort convenable à cause de sa concision, mais qui peut montrer à l'imagination une analogie entre le monde matériel et le monde moral ; idée tout-à-fait absurde et sans fondement. Dans les associations politiques dont cette métaphore est empruntée, les lois s'adressent à des agens doués de raison et de liberté, capables de comprendre leur langage, et d'y conformer leur conduite. Dans le monde matériel, au contraire, il n'y a que des objets que tous les hommes croient passifs et privés de tout sentiment, et par conséquent à jamais invariables, à moins qu'ils ne soient modifiés par quelque force extérieure et étrangère. Ainsi, l'ordre si admirablement maintenu, au milieu de ces continuels changemens, n'implique pas seulement une Intelligence dans la conception première de cet univers; il révèle encore une Puissance agissant incessamment pour l'exécution d'un sage dessein. Et s'il faut, dans ces exemples, donner au mot de Loi sa signification littérale, il désigne un mode uniforme d'opération que la Divinité s'est prescrite à elle-même. Cependant, quand il s'agit exclusivement de philosophie expérimentale, il est plus correct et plus logique d'entendre simplement par ce mot, un fait général dans l'ordre de la nature.

Après ce que nous venons de dire, parlerons-nous de l'obscurité de cette opinion ou plutôt de cette manière de parler, qui semble rapporter l'ordre de l'univers à des lois générales opérant comme causes efficientes. Tout absurde qu'elle est, on peut croire que c'est, parmi beaucoup d'autres, une des causes qui ont caché la Divinité à ceux qui étudioient ses ouvrages. C'est à l'usage inconsidéré de cette même phrase équivoque que doit être rapportée l'obscurité profonde de quelques-uns des plus grands écrivains français, dans leurs recherches sur sa valeur métaphysique. Même le grand Montesquieu, dans le premier chapitre d'un des plus importans de ses ouvrages, s'est perdu en vains efforts pour expliquer le sens de ce mot ; tandis que le simple exposé de la distinction essentielle qui existe entre l'acception littérale et son acception métaphorique, eût d'un seul coup éclairci tout le mystère. Après nous avoir dit que les lois, dans la signification la plus étendue, sont les *rapports nécessaires* qui dérivent de la nature des choses, et que dans ce sens, « tous les êtres ont leurs lois ; » que la Divinité a ses lois, le monde ma- » tériel a ses lois, les intelligences supé- » rieures à l'homme ont leurs lois, les bêtes » ont leurs lois, l'homme a ses lois ; il ajoute » plus loin : Mais il s'en faut bien que le » monde intelligent soit aussi bien gouverné » que le monde physique ; car, quoique ce- » lui-là ait aussi des lois qui, par leur na- » ture, sont invariables, il ne les suit pas » constamment comme le monde physique » suit les siennes (1). » Il est évident que cette remarque tire tout ce qu'elle semble avoir de plausible d'un jeu de mots qui confond les lois morales avec les lois physiques ; ou en termes plus simples, qui confond les lois imposées par le Législateur aux êtres intelligens, avec ces conclusions générales sur l'ordre de l'univers, qui, lorsqu'elles sont de légitimes conséquences d'une induction suffisamment étendue, ont reçu du philosophe le nom métaphorique de *Lois de la nature*. Dans le premier cas, la conformité de la loi avec la nature des choses

(1) Montesquieu, Esprit des Lois, Liv. I, Chap. I.

ne dépend nullement de son exacte observation, mais bien de la légitimité de cette loi aux yeux de la raison, et de l'obligation morale qu'elle impose. Dans le second cas, la seule définition du mot loi suppose son application universelle, de telle sorte que si elle étoit violée dans une seule circonstance, elle cesseroit d'être loi. C'est donc un pur jeu de mots de dire que les lois du monde physique sont mieux observées que celles du monde moral, la signification du mot loi, dans les deux cas où il s'emploie, étant si entièrement différente, qu'elle rend la comparaison ou le contraste tout-à-fait illusoire et sophistique.

Grâce à ces lois uniformes qui règlent la succession des événemens, chaque fait que nous donne le passé offre à la sagacité un fondement pour bâtir dans l'avenir, et l'on peut dire que c'est surtout cet art d'employer l'expérience du passé à prévoir l'avenir, qui constitue la supériorité intellectuelle d'un individu sur l'autre, soit dans les spéculations, soit dans l'action. Comme un astronome est habile à prédire, d'après des calculs fondés sur ses observations, ces phénomènes célestes qui épouvantent le sauvage, ainsi le studieux observateur des affaires humaines acquiert une prévoyance prophétique sur les destinées futures de l'humanité. Et si cette prévoyance n'atteint pas, comme dans les sciences physiques, des événemens particuliers et définis, ce qui lui manque en précision est amplement compensé par l'étendue et le nombre des points de vue ouverts à ses regards perçans. C'est de cette analogie saisie entre le passé et le futur que les connoissances historiques empruntent tout leur prix, et si cette analogie s'anéantissoit, les souvenirs des anciens temps se rangeroient alors, sous le rapport de l'utilité, avec les fictions de la poésie. La même chose a lieu pour les besoins de la vie commune. De quoi dépendent surtout les succès des hommes dans leurs intérêts privés, sinon de leur prudence? Et qu'est-ce que la prudence, sinon une sage attention aux leçons que l'expérience nous a données?

Cet ordre régulier de l'univers se découvre à nous dans trois classes d'êtres bien distinctes, celle des objets inanimés, celle des brutes, et celle des hommes.

Pour la première, je n'ai qu'à répéter ce

qui a déjà été dit, que dans tous les phénomènes du monde matériel l'uniformité dans l'ordre des événemens est conçue par nous comme complète et infaillible, de telle sorte que pour nous croire sûrs d'un certain résultat, après une même expérience deux fois répétée, nous ne demandons que d'être convaincus que toutes deux ont été faites dans des circonstances précisément les mêmes. Une seule même, faite avec toute l'attention nécessaire, suffiroit pour établir une loi générale ; et si on la répète, c'est seulement en vue de se garder contre les effets des circonstances qui s'y seroient jointes accidentellement, et qui auroient pu échapper à notre attention, lorsque fut obtenu le premier résultat.

Il en est à peu près de même pour les phénomènes que nous offrent les bêtes, dont les diverses races fournissent à l'examen un sujet si solide, que les remarques faites sur quelques individus peuvent être étendues, sans grand danger d'erreur, aux espèces tout entières. C'est à cette uniformité dans leur instinct que l'homme doit de maintenir si aisément sur eux son empire, et de les employer comme agens ou instrumens pour accomplir ses projets. On peut donc remarquer ici un dessein parfaitement analogue à celui que nous avons reconnu dans les lois qui gouvernent le monde physique. La seule différence qui paroisse dans cette exacte uniformité, c'est dans les bêtes une certaine habitude d'action qui leur permet de s'accommoder jusqu'à un certain point à leurs situations accidentelles, facilité qui les rend incomparablement plus propres à nous servir, que si, comme la simple matière, elles eussent été soumises à l'influence de causes régulières, et agissant à temps marqués. Une autre observation bien digne de nous occuper, à l'égard de ces deux classes d'êtres, c'est que l'uniformité dans les phénomènes de la seconde présuppose une régularité correspondante dans les phénomènes de la première. Si l'ordre du monde physique venoit à être essentiellement troublé, et que l'instinct des bêtes restât le même, toutes leurs races diverses périroient inévitablement. Ainsi l'uniformité de l'instinct dans les animaux n'est pas avec la constance des lois de la nature dans un rapport moins manifeste, que la nageoire des poissons avec les propriétés de l'eau, ou l'aile des oiseaux avec celles de l'atmosphère.

Si, après les phénomènes de la matière inanimée, ou ceux des brutes, nous portons notre attention sur l'histoire de notre propre espèce, d'innombrables leçons se présentent d'elles-mêmes, pour l'instruction de quiconque réfléchit sérieusement sur les grands intérêts de la vie humaine. Mais pour recueillir ces leçons, il faut un degré de sagacité et de bon sens qui n'est pas commun, et un degré de prudence encore plus rare, pour les appliquer à la pratique. Ce n'est pas seulement parce qu'il est difficile de trouver des cas où les combinaisons des circonstances soient exactement les mêmes; mais c'est que les caractères individuels varient à l'infini, et que la source réelle des actions de nos semblables ne peut être l'objet pour nous que de conjectures vagues et douteuses. Cependant un fait curieux, et qui ouvre à la méditation un vaste champ, c'est que plus nous étendons nos vues du particulier au général, et des individus aux espèces, plus les affaires humaines offrent à la philosophie un solide sujet d'examen, et plus elles fournissent de conclusions générales pour guider nos conjectures dans l'étude de l'avenir. Ainsi chercher par la réflexion quels seront dans cent ans et le caractère et les talens de l'individu qui s'asseoira sur tel trône, seroit le comble de l'absurdité. Mais permettre à l'imagination de se représenter par avance, à la même distance de temps, et la condition et le caractère d'une grande nation dont on connoît à fond les mœurs et la situation politique, c'est là un emploi de nos facultés qui échappe à toute censure, quand même nos conclusions devroient être autant d'erreurs. La même observation peut s'appliquer à tous les autres cas où les événemens dépendent d'une multiplicité de circonstances. Quelqu'accidentelles qu'elles puissent souvent paroître, quelque placées au-dessus de la portée de nos calculs, quand on les considère individuellement, l'expérience montre qu'elles sont, d'une façon ou d'une autre, naturellement ajustées de manière à produire dans le résultat un certain degré d'uniformité qui augmente toujours avec le nombre des circonstances combinées.

Les avantages que nous procurent ces conclusions générales sur l'ordre de la nature sont si grands, et notre penchant à croire à son existence est si fort, que même dans les cas où la succession des événemens semble le plus hors de toute règle, nous sommes portés à soupçonner l'accomplissement de lois fixes et constantes, quoiqu'il nous soit impossible de les découvrir. De là cette croyance populaire de presque tous les pays, qu'après un certain temps, la succession des années stériles ou abondantes recommence dans le même ordre qu'auparavant. De là cette idée parmi les philosophes de l'antiquité, qu'à la fin de la grande année ou de l'année platonique, on verroit s'accomplir une seconde fois toute la suite des événemens qui ont paru sur la scène du monde. Quant à ces idées en elles-mêmes, je n'ai point à les examiner ici, et je n'ai songé, en les citant, qu'à apporter une preuve de plus de ce penchant irrésistible à croire à un ordre permanent dans les événemens physiques, qui semble former un des premiers principes de la nature humaine.

III.

D'après le sens que nous avons jusqu'ici attaché au mot Expérience, nous avons vu que l'évidence qu'elle procure n'est autre chose qu'une anticipation de l'avenir, dont l'ordre du passé nous fournit les raisons. S'il survient quelque changement, ou dans la cause elle-même, ou dans les circonstances qui se combinoient avec elle lors de nos premiers jugemens, les idées que nous nous formons de l'avenir ne peuvent plus être proprement rapportées à la seule expérience, mais à l'expérience s'unissant à quelqu'autre principe de notre nature. Cependant, dans le langage commun, on ne doit pas s'attendre à une exacte expression des idées logiques ou métaphysiques; qu'on ne s'étonne donc point que le sens attaché au mot expérience dépasse de beaucoup celui qu'autorise notre définition. Ainsi, lorsque je transporte mes conclusions au sujet d'une pierre tombée d'en haut, à une autre pierre, ou d'une pierre à un boulet lancé, on peut dire avec une exactitude suffisante que cette induction a en sa faveur l'évidence de l'expérience. Cependant, quelque chose de plus que l'expérience est assurément nécessaire pour expliquer cette transition de ce qui est identiquement le même à ce qui est seulement semblable, et ce mode de raisonnement qui va non-seulement du passé au futur, mais d'un objet à un autre qui lui ressemble dans ses caractères extérieurs. Je m'abandonne à cette induction avec la ferme confiance dans l'infaillibilité du résultat; nulle conséquence fondée sur l'expérience la plus directe et la mieux éprouvée par un long succès, je dirai plus, nulle proposition établie par la démonstration mathématique ne pourroit commander plus impérieusement mon assentiment. C'est ce qu'on appelle l'évidence d'analogie.

Quelque vaste que puisse devenir le domaine de l'expérience proprement dite, il est évident que, sans une faculté propre à la fonction que nous venons de décrire, l'homme seroit tout-à-fait au-dessous de sa destinée. Si nous n'eussions pas été formés de manière à saisir d'un œil prompt et sûr les traits par où se ressemblent des objets ou des événemens divers et à étendre nos conclusions des individus aux espèces, la vie nous échapperoit avant que nous eussions les élémens des connoissances essentielles à la conservation de notre existence animale. Ce point de l'histoire de l'esprit humain a peu occupé l'attention des philosophes. Il n'est pourtant pas aisé d'expliquer d'une manière satisfaisante comment s'exécute ce travail; les idées suivantes me semblent conduire assez loin vers la solution de la question.

C'est une remarque de M. Smith, dans ses considérations sur la formation des langues, que l'origine des genres et des espèces attribuée ordinairement dans les écoles à un procédé intellectuel tout mystérieux et tout inintelligible, n'est qu'une conséquence naturelle de notre penchant à transporter à un objet nouveau le nom d'un autre objet déjà connu qui a avec lui une ressemblance assez forte pour servir à la mémoire de lien d'union entre eux. C'est de cette manière, à ce qu'il croit, et non par un exercice formel et scientifique de l'abstraction, que dans l'enfance des langues les noms propres sont insensiblement transformés en noms communs; ou en d'autres termes, que les objets individuels sont rapportés à des classes. Cette remarque devient selon moi beaucoup plus importante, lorsqu'on la combine avec une autre tout-à-fait originale que Condorcet attribue à Turgot. « M. Turgot croyoit qu'on s'étoit » trompé en imaginant qu'en général l'es-

» prit n'acquiert des idées générales ou abs-
» traites que par la comparaison d'idées
» plus particulières. Au contraire, nos pre-
» mières idées sont très-générales, puisque
» ne voyant d'abord qu'un petit nombre de
» qualités, notre idée renferme tous les
» êtres auxquels ces qualités sont com-
» munes. En nous éclairant, en examinant
» davantage, nos idées deviennent plus par-
» ticulières, sans jamais atteindre le dernier
» terme; et ce qui a pu tromper les mé-
» taphysiciens, c'est qu'alors précisément
» nous apprenons que ces idées sont plus
» générales que nous ne l'avions d'abord
» supposé (1). »

Quel sens attachoit-il à cette réflexion? Je ne le sais. Mais s'il l'entendoit de la manière dont je suis disposé à l'interpréter, elle me semble très-précieuse pour la question des progrès naturels de la connoissance humaine.

Toutefois, et malgré la justesse de cette remarque, il n'en reste pas moins vrai que toute classification scientifique doit être fondée

(1) Vie de Turgot, P. 189, Berne 1787.

sur l'examen et la comparaison des individus. Ces individus doivent avoir été observés avec soin, avant que leurs caractères spécifiques soient rejetés de la description générique, de manière à n'offrir à l'attention que les qualités communes qui constituent le genre. En résumé, il y a deux sortes d'idées ou de notions générales, essentiellement différentes l'une de l'autre : celles qui sont générales, seulement à cause du vague et de l'imperfection de nos connoissances, et celles qui ont été méthodiquement généralisées suivant les préceptes des logiciens, en conséquence d'une abstraction fondée sur une étude attentive des individus. La précision philosophique exige que deux sortes de notions si distinctes ne soient pas confondues, et l'on trouvera qu'un soin assidu de les distinguer jette beaucoup de lumières sur différens points de l'histoire de l'esprit humain.

De même que la crédulité des enfans est sans bornes, et qu'elle ne se corrige que peu à peu, et par les exemples que chaque jour lui offre de la fausseté des hommes, ainsi dans l'enfance de nos connoissances, tout objet, tout événement qui présente à nos sens une ressemblance marquée avec un autre, nous dispose à conclure aussitôt, sans aucune attention aux détails qui peuvent les distinguer, que nos observations à l'égard de l'individu peuvent en toute sûreté s'étendre à la classe entière. L'expérience seule nous apprend à nous défier de ce penchant, et soumet ce principe naturel à la discipline prescrite par les règles de l'induction.

Les considérations que nous venons d'exposer peuvent nous aider à concevoir de quelle manière les conclusions données par l'expérience viennent à s'étendre insensiblement des individus aux espèces, et par la nature grossière et confuse de nos premières perceptions, et par la magique influence des noms communs. Elles semblent encore nous montrer que ce procédé naturel de l'esprit, quoiqu'il ne soit pas toujours justifié par la saine logique, n'en est cependant pas toujours séparé dans l'enfance des connoissances humaines.

Les observations qu'il me reste à présenter sur l'analogie considérée comme base de la conjecture scientifique et du raisonnement seront placées plus convenablement dans un prochain chapitre.

IV.

Dans quelques-unes des conclusions dont nous nous sommes occupés tout-à-l'heure, à l'égard des vérités contingentes, il est une sorte d'évidence que l'on admet, et dont nous n'avons pas encore parlé, je veux dire l'évidence du témoignage. Dans les calculs astronomiques, par exemple, il y a bien peu de cas où les données reposent sur l'évidence de nos propres sens, et cependant notre confiance dans le résultat n'en est pas le moins du monde affoiblie. Au contraire, quelle certitude plus complète que celle avec laquelle nous prévoyons une éclipse de soleil ou de lune, sur la foi de calculs que nous n'avons jamais vérifiés, et de l'exactitude desquels nous n'avons d'autre garant que la réputation scientifique des auteurs dont nous les avons empruntés. Un astronome qui affecteroit le scepticisme à l'égard d'une telle prédiction ne seroit pas moins ridicule que s'il s'occupoit à faire des objections contre la certitude du lever du soleil de demain.

Lorsque par anticipation nous regardons comme avenus certains phénomènes astronomiques, ou d'autres faits résultant d'une expérience de physique qui nous est familière, les philosophes ne reconnoissent ces événemens que comme probables, quoique notre confiance en leur existence future ne soit pas moins complète que si elle reposoit sur les bases d'une démonstration mathématique. Ainsi le mot *probable*, employé en ce sens, n'implique aucun défaut dans la preuve; il sert seulement à distinguer la nature particulière de cette preuve des autres espèces d'évidence. Il est opposé non point à ce qui est certain, mais à ce qui est susceptible d'une démonstration mathématique. Cette signification est bien éloignée de celle qu'on attache au même mot dans le langage commun qui mêle toujours quelque doute à l'attente de l'événement qui n'est dit que probable. *Aussi sûr qu'il faut mourir un jour; aussi sûr que le soleil se lèvera demain* : expressions proverbiales dans tous les pays, et qui affirment des événemens que le langage philosophique ne reconnoît que comme probables et contingens.

De même encore, l'existence de Pékin et la réalité du meurtre de César, que le philosophe classe parmi les probabilités, parce qu'elles ne reposent que sur l'évidence du témoignage, sont universellement mises au rang des certitudes par le reste des hommes, et partout ailleurs que dans l'exposition d'une théorie logique, l'application du mot probable à de pareilles vérités seroit justement regardée comme une impropriété de langage.

Mais quoique, dans la langue du philosophe, l'épithète probable soit appliquée à des événemens reconnus certains, il l'applique aussi à ces événemens qui sont nommés probables par la foule. Ainsi le sens philosophique du mot est plus étendu que le sens populaire, puisque le premier marque cette espèce particulière d'évidence qu'admettent les vérités contingentes, tandis que le dernier est borné aux degrés de cette évidence les plus éloignés et les plus foibles. Ces différens degrés de probabilité, le philosophe les considère comme formant une série qui commence par la simple possibilité, et se termine à cette infaillibilité conçue par l'esprit, et qu'expriment entièrement les mots de Certitude morale. A ce dernier terme de la série, le mot probable, dans son acception ordinaire, est tout-à-fait inapplicable.

Sans nous arrêter à ces degrés inférieurs de probabilité, d'où sort une suite de questions (1) qui enferment dans leur sein quelques-unes des plus hautes difficultés métaphysiques, dont l'examen interromproit entièrement le cours de nos recherches, nous allons continuer de traiter des matières d'une nature plus générale, et qui tendent à éclairer les procédés logiques de l'esprit dans la découverte de la vérité scientifique. Mais je veux d'abord placer ici comme introduction à ces recherches un chapitre entier consacré à des critiques et à des réflexions mêlées sur la Logique des écoles.

(1) Celles auxquelles le génie des modernes a appliqué le calcul mathématique, et contre lesquelles d'Alembert élève des doutes dans ses opuscules mathématiques.

CHAPITRE III.

De la Logique d'Aristote.

SECTION PREMIÈRE.

Des démonstrations des règles du syllogisme données par Aristote et ses commentateurs.

Le grand nombre de réflexions diverses que, dans l'état présent de la science, la logique d'Aristote suggère naturellement au philosophe, m'oblige à ne choisir pour ce chapitre que quelques-unes des questions principales, qui portent immédiatement sur les objets particuliers que j'ai en vue. En traitant ces questions, je dois naturellement supposer dans mes lecteurs quelque familiarité avec le sujet auquel elles se rapportent; mais ils n'auront besoin que de cette connoissance générale de ses contours et de son langage qui dans les universités est justement considérée comme l'achèvement essentiel de toute éducation libérale.

Je commence par l'examen des prétentions de la logique d'Aristote à cette prééminence qu'elle réclame parmi les sciences, proclamant que non-seulement elle asseoit toutes ses conclusions sur la base immuable des démonstrations, mais que ce puissant édifice, elle l'a élevé sur l'étroit fondement d'un seul axiome. Comme un tel fait, s'il étoit admis, détruiroit complètement tout ce que j'ai dit sur la nature et des axiomes et de l'évidence démonstrative, les observations suivantes me semblent une suite nécessaire des discussions qui ont précédé. J'avoue en même temps que mon principal motif, en les plaçant ici, c'est un désir d'affoiblir au moins l'effet des panégyriques de la logique d'Aristote, et d'empêcher les jeunes élèves de perdre leur temps et leurs soins à une chose si peu capable selon moi de récompenser leurs travaux.

La première remarque que j'ai à offrir sur les démonstrations d'Aristote, est qu'elles s'appuient sur cette supposition évidemment fausse, qu'elles peuvent ajouter à la force et à l'autorité de l'évidence démonstrative. Un des caractères les plus remarquables qui distinguent cette dernière sorte d'évidence, de celle qu'on nomme ordinairement morale ou probable, c'est qu'elle n'admet point de degrés. Le procédé de raisonnement dont elle nait, ou n'est bon à rien, ou bien est si parfait et si complet en lui-même, qu'il repousse tout secours étranger. Tout procédé semblable de raisonnement peut se résoudre, comme on le sait, dans une suite de syllogismes légitimes, offrant séparément et distinctement dans un jour aussi clair et aussi vif que peut le faire le langage, chaque anneau successif de la démonstration. Cet expédient rend-il la démonstration plus convainquante? Ce n'est pas maintenant la question. Laissons nos doutes de côté, et accordons qu'une démonstration en devient plus satisfaisante, lorsqu'elle a été traduite en syllogismes. Mais après que la démonstration aura été ainsi développée et analysée, sur quel principe supposera-t-on possible d'accroître encore et de fortifier par quelque raisonnement subsidiaire cette conviction irrésistible que commande nécessairement la démonstration ?

Il ne sert à rien de répliquer que les mathématiciens s'occupent souvent eux-mêmes à rechercher des démonstrations différentes d'un même théorème. Leurs efforts en ce cas ne viennent d'aucun désir d'ajouter à l'évidence en découvrant, comme on le fait dans les autres sciences, un certain nombre d'argumens qui portent de toutes leurs forces combinées sur la même vérité. Leur seul but est de trouver la route la plus aisée et la plus courte vers la vérité. Sous le rapport de la simplicité, ou de l'élégance, comme disent les géomètres, les démonstrations diverses peuvent extrêmement différer l'une de l'autre; mais sous le rapport d'une saine logique, elles ont toutes précisément la même valeur. Chacune d'elles ne brille que de sa propre lumière, et la première qui se présente commande l'assentiment aussi irrésistiblement que la dernière.

L'idée d'Aristote, en cherchant à fortifier une démonstration par une autre, n'avoit pas le moindre rapport avec cet usage des mathématiciens. Son but n'étoit pas de nous apprendre à démontrer une même chose de différentes manières, mais à démontrer, par un raisonnement abstrait, la justesse d'une conclusion démonstrative. Quels moyens emploie-t-il pour accomplir ce dessein? c'est ce que nous verrons tout-à-l'heure.

Quant à présent, je ne parle que de ce dessein en lui-même; et sans doute, si les remarques précédentes sont justes, il n'est point aisé de le concilier avec des idées exactes ou sur la nature de l'évidence, ou sur la théorie de l'esprit humain.

Avant d'aller plus loin, il est nécessaire d'avertir ici ceux qui ne se sont point occupés de la Logique d'Aristote, d'une particularité, et, selon moi, d'une impropriété qu'offre le langage de cet auteur. Il donne les noms de Démonstrative et de Dialectique aux deux grandes classes dans lesquelles il range les syllogismes. Cette manière de parler sembleroit impliquer qu'une des deux espèces de syllogismes peut être plus concluante et plus évidente que l'autre; et certes, ce n'est pas là ce qu'il entend. Car si un syllogisme est parfait dans sa *forme*, alors de toute nécessité, non-seulement il est concluant, mais il est même concluant démonstrativement. Aussi Aristote lui-même déclare-t-il que cette distinction ne se rapporte point à la *forme*, mais à la *matière* du syllogisme, ou en d'autres termes, au degré d'évidence des prémisses. En conséquence, dans les deux livres de ses Analytiques, il traite des syllogismes qu'on nomme démonstratifs, parce que leurs prémisses sont certaines, et dans ses Tapiques, de ceux qu'on nomme dialectiques, parce que leurs prémisses ne sont que probables. N'y auroit-il pas eu plus de clarté et en même temps plus de justesse dans la distinction, si l'on eût appliqué ces épithètes à la vérité des conclusions résultant de ces deux classes de syllogismes, au lieu de les appliquer aux syllogismes eux-mêmes? Ces mots : syllogismes démonstratifs, semblent certainement à la première vue exprimer plutôt une liaison complète et nécessaire entre la conclusion et les prémisses, que la certitude ou la nécessité des vérités que les prémisses contiennent.

Ajoutons, pour prévenir les méprises que faisoit naître l'ambiguité du langage, que les idées d'Aristote sur la nature de la démonstration diffèrent essentiellement de celles que nous avons exposées nous-mêmes sur ce sujet. Dans toute démonstration, dit un de ses plus habiles interprètes, les premiers principes doivent être nécessaires, immuables; ils doivent donc être des vérités éternelles. Ces qualités n'appartiendroient pas à la conclusion, si elles n'appartenoient d'abord aux prémisses dont elle sort. Suivant ce que nous avons dit ci-dessus de l'évidence démonstrative ou mathématique, les premiers principes sur lesquels elle s'appuie ne sont pas des vérités éternelles et immuables, mais des définitions. Ainsi, si nous regardons dans le présent chapitre l'épithète *démonstrative* comme l'attribut exclusif de cette sorte d'évidence propre aux seules mathématiques, la distinction entre les syllogismes démonstratifs et les syllogismes dialectiques se réduit à ceci : que dans les premiers, où tout ce que l'on affirme, c'est la liaison nécessaire entre la conclusion et les prémisses, ni les prémisses, ni la conclusion ne peuvent être proprement dites vraies ou fausses, puisqu'elles sont également hypothétiques. Dans les derniers, où l'on regarde les prémisses comme exprimant des vérités ou des faits qui, dans la supposition la plus favorable, n'offrent pourtant qu'un très-haut degré de probabilité, la conclusion doit nécessairement participer à cette incertitude qui enveloppe les prémisses.

Mais ce que je désire surtout imprimer

dans l'esprit de mes lecteurs, c'est la substance des deux propositions suivantes : Premièrement, que les syllogismes dialectiques, pourvu que ce ne soient pas des sophismes, ne sont pas moins démonstrativement concluans, quant à ce qui regarde le procédé de raisonnement, que ceux à qui Aristote réserve cette qualité. Secondement, que c'est au procédé du raisonnement seul, et non point aux prémisses sur lesquelles il s'appuie, que se rapportent exclusivement les démonstrations d'Aristote. Le seul objet de ces démonstrations est donc, comme je l'ai déjà remarqué, non point de fortifier par de nouvelles preuves des principes douteux, ou d'ajouter de nouveaux anneaux à une chaîne imparfaite, mais de confirmer une suite de démonstrations au moyen d'une autre. Les méprises dans lesquelles quelques-uns de mes lecteurs auroient pu être induits par le contraste que semble établir le langage d'Aristote entre les syllogismes dialectiques et ceux qu'il honore du titre de démonstratifs, justifieront assez, je crois, la longueur de ces développemens.

Après m'être si longuement étendu sur le but avoué des démonstrations d'Aristote, je renfermerai en quelques pages ce que j'ai à dire sur la manière dont il a exécuté son dessein. Si ce dessein est aussi peu philosophique que j'ai tâché de le montrer, tous les moyens imaginés pour son exécution ne peuvent plus être considérés que comme objets de curiosité littéraire. Un procédé de raisonnement qui prétend démontrer la légitimité d'une conclusion, qui d'elle-même, par son évidence propre et intrinsèque, commande irrésistiblement l'assentiment, doit être au fond tout-à-fait vide et illusoire, quelque spécieux qu'il puisse paroître au premier coup-d'œil. En supposant que toutes les conséquences en soient strictement justes, il ne peut que nous ramener au point dont nous étions partis.

Les critiques pleines de finesse et de sagacité du docteur Reid dans son analyse de la logique d'Aristote, sur cette partie de la théorie du syllogisme, rendroient superflus dans cette occasion de nouveaux détails sur ce sujet. Ainsi donc, je prends la liberté de renvoyer mes lecteurs à ce petit traité, et je me contenterai d'un court extrait qui contient une vue générale et de la conclusion que l'on tire, et de l'argument qu'on emploie pour prouver cette conclusion dans chacune des trois figures du syllogisme.

» Dans la première figure, la conclusion » affirme ou nie quelque chose de l'espèce » ou de l'individu; et l'argument destiné » à prouver cette conclusion est, que la » même chose peut être affirmée ou niée » du genre entier auquel appartient cette » espèce ou cet individu. »

» Dans la seconde figure, la conclusion » est, que telle espèce ou tel individu n'ap» partient pas à tel genre; et l'argument » est, que tel attribut commun au genre » entier n'appartient pas à cette espèce ou » à cet individu. »

» Dans la troisième figure, la conclusion » est, que tel attribut appartient à une par» tie de tel genre; et l'argument est, que » l'attribut en question appartient à une » espèce ou à un individu qui fait partie » de ce genre. »

» Je pense avoir compris dans cette vue » abrégée, toutes les conclusions qui en» trent dans le domaine de ces trois figures, » aussi bien que les moyens de preuve.

» On en peut déduire aisément les règles » de ces figures, et l'on voit que toutes les » trois ne s'appuient que sur un seul prin- » cipe de raisonnement. Il n'est donc pas » étrange qu'un syllogisme d'une figure » puisse se ramener à un syllogisme d'une » autre figure. »

» Le principe général auquel tout ici se » rapporte, et dont chaque syllogisme ca- » tégorique n'est qu'une application parti- » culière, est celui-ci : que tout ce qui est » affirmé ou nié du genre entier, peut être » affirmé ou nié de toute espèce ou de tout » individu appartenant à ce genre. C'est là » un principe d'une certitude évidente sans » doute, mais il n'est pas d'une grande pro- » fondeur (1). Aristote et tous les logiciens » s'en emparent comme d'un axiome ou » d'un premier principe, d'où découle tout » le système du syllogisme, et après un » ennuyeux voyage et une grande dépense » de démonstration, il aborde enfin à ce » principe comme à la dernière de toutes

(1) Cet axiome se nomme dans la langue scolastique: *Dictum de omni et nullo*.

» les conclusions : *O cusas hominum, o quan-* » *tum est in rebus inane.* »

Lorsque l'on compare cette science illusoire avec le génie puissant de son inventeur, à peine peut-on s'empêcher de soupçonner que le langage abstrait dans lequel il la présente étoit un voile sous lequel il s'efforçoit d'en cacher la pauvreté et la nudité réelle. On a observé qu'Aristote éclaire rarement ses règles par des exemples, et que ses commentateurs, voulant remédier à ce défaut, n'ont fait qu'exposer au mépris la théorie de leur maître. Sans doute, c'étoit agir charitablement que d'aider ainsi l'entendement dans des matières si abstraites; mais étoit-ce agir prudemment pour l'honneur de l'art? c'est ce dont on peut douter. Ce qu'il y a de certain, c'est que lorsque l'on traduit quelqu'une des démonstrations d'Aristote, de ce langage général et énigmatique dans lequel il les expose, en termes plus familiers et plus intelligibles, par une application à un exemple particulier, le mystère disparoît tout-à-coup, et se résout dans quelque puérilité toute évidente ou identique. Certes c'est un étrange mode de preuve que celui qui établiroit une vérité évidente en soi, et dont on n'a jamais douté, au moyen d'un argument presqu'inintelligible jusqu'à ce qu'on le développe et qu'on l'éclaire par un exemple parfaitement semblable à la chose même que l'on vouloit prouver.

» Si A est un attribut de B et que B soit » un attribut de C, il s'en suit nécessaire- » ment que A peut être un attribut de » C (1). » Telle est la démonstration qu'il donne du premier mode de la première figure ; et il n'y a là évidemment rien de plus que l'axiome appelé *Dictum de Omni*, caché sous le déguisement d'un langage bi-

---

(1) Il est évident que ces formules démonstratives d'Aristote peuvent aisément se transformer en syllogismes. S'il a préféré le mode démonstratif, c'est probablement qu'il vouloit éviter de paroître raisonner dans un cercle en employant la théorie du syllogisme à démontrer cette même théorie. Il est étonnant qu'il ne se soit pas aperçu qu'en cherchant à éviter cet inconvénient, il étoit tombé dans un autre exactement du même genre, celui d'employer un argument posé dans la forme commune, pour démontrer la légitimité des syllogismes, après avoir présenté l'analyse syllogistique comme le seul témoignage infaillible de la légitimité d'une démonstration.

zarre et cabalistique. Les démonstrations qu'il donne des autres modes légitimes sont du même genre.

En combattant les modes illégitimes du raisonnement, il procède encore de la même manière. Cependant il se laisse aller en général jusqu'à nous donner, par manière d'exemple, trois termes, comme *bonum*, *habitus*, *prudentia*; *album*, *equus*, *cygnus*, nous laissant pour notre satisfaction particulière le soin de construire avec ces termes les syllogismes défectueux de la figure et du mode dont il est question. Il semble avoir pensé que le défaut évident de pareils syllogismes peut aider les esprits d'une conception un peu lente, à saisir plus aisément la valeur de la proposition générale. Par exemple, il expose et établit en ces termes le défaut des modes de la première figure dans lesquels la majeure est une proposition particulière : « Si A est ou n'est pas dans quel- » que B, et B dans tout C, toute conclu- » sion est impossible. Prenez pour termes » dans le mode affirmatif *bonum*, *habitus*, » *prudentia*; dans le mode négatif *bonum*, » *habitus*, *ignorantia*. » Le docteur Reid a parfaitement exprimé mon opinion sur des passages comme celui-là, lorsqu'il dit : *Le style laconique de l'auteur, l'emploi de formules extraordinaires, et au lieu de présenter des exemples, ce soin de nous en laisser former un à nous-mêmes avec trois termes qu'il nous fournit, tout cela embarrasse tellement le lecteur qu'il croit lire un livre d'énigmes.* Peut-on raisonnablement supposer qu'une obscurité si profonde dans un tel écrivain n'étoit pas l'effet de quelque dessein systématique ?

Les diverses considérations que je viens d'exposer pourroient peut-être, sans aller plus loin, m'autoriser à conclure que les démonstrations d'Aristote ne sont au fond qu'une spécieuse et imposante parade de mots. Mais les innombrables témoignages de leur valeur réelle rendus par les écrivains les plus illustres, et l'admiration qu'elles obtiennent encore aujourd'hui des hommes les plus distingués, m'imposent le devoir de développer encore un peu plus complètement quelques parties du sujet que je viens de traiter.

Sans doute, après les exemples déjà cités, il paroîtra superflu à quelques lecteurs de remarquer qu'aucune de ces démonstrations ne fait faire un seul pas à l'esprit d'une vérité à une autre, mais le conduit seulement d'un axiome général à quelqu'une de ses applications particulières. Ce n'est pas tout, elles poussent l'esprit dans une direction opposée à celle dans laquelle ses jugemens se forment nécessairement. Le sens d'un axiome général est rarement intelligible, s'il l'est jamais, jusqu'à ce qu'il ait été éclairci par quelque exemple. Aristote au contraire, dans toutes ses démonstrations, s'appuie sur cette idée que la vérité d'un axiome, dans les exemples particuliers, est une conséquence logigue de la vérité de ce même axiome énoncé en termes généraux. Il faut avouer qu'il fut naturellement induit en erreur par la place assignée aux axiomes en tête des élémens de géométrie, et par la manière dont on les rappelle dans la démonstration des propositions. Puisque A, dit le géomètre, est égal à B, et B à C, A est égal à C; car deux choses égales à une troisième sont égales entre elles. Les axiomes mathématiques ont occupé cette place, au moins je pense depuis la fondation de l'école pythagoricienne ; et l'on peut voir que l'axiome fondamental d'Aristote tient précisément au même système. Ainsi donc, au lieu de dire avec Gillier, que, sur la base d'une seule vérité, Aristote a élevé le vaste et majestueux édifice d'une science abstraite, il seroit plus correct de dire que cette science tout entière est comprise ou impliquée dans les termes d'un seul axiome. Et n'oublions pas, pour garder la métaphore de Gillier, que l'édifice pourroit être considéré comme base de l'axiome avec beaucoup plus de raison que l'axiome comme base de l'édifice.

Lorsqu'on se rappelle que la plus grande partie de nos meilleurs philosophes persévèrent encore, après tout ce que Locke a pu dire contre, à considérer les axiomes comme le fondement de la science mathématique, il ne paroîtra pas surprenant que les démonstrations d'Aristote aient continué si long-temps à maintenir leur autorité dans les livres de logique. Nous avons montré assez au long combien cette idée est erronée pour ce qui regarde les mathématiques ; puisque cette science en dernière analyse repose tout entière non pas sur des axiomes, mais sur des définitions ou des hypothèses. Ceux qui ont examiné mes raisonnemens sur ce point, et qui prendront la peine de les combiner avec les remarques précédentes, conviendront aisément que la théorie du syllogisme n'apporte aucune exception à la doctrine générale sur l'évidence démonstrative que j'ai tâchée d'établir. Ils se convaincront que ces prétendues démonstrations sont tout-à-fait futiles, et viennent aboutir en dernière analyse, comme il arrive à toute pensée qui ne travaille sur d'autres données que de simples axiomes, à la proposition même dont elles étoient parties dans le principe.

L'idée que toute science démonstrative doit se fonder sur les axiomes, a été empruntée avec beaucoup d'autres maximes erronées de la logique d'Aristote ; mais elle est maintenant établie d'une manière beaucoup plus forte, quoiqu'aussi fausse peut-être, que dans les écrits de ce philosophe. Selon Reid, le degré d'évidence qui accompagne nos conclusions est nécessairement déterminé par le degré d'évidence qui accompagne nos premiers principes. Ainsi, s'accordant avec Aristote à considérer les axiomes comme la base de toute science démonstrative, il fut conduit en même temps, conséquemment à la doctrine dont nous venons de parler, à les considérer comme des vérités éternelles et immuables, que nous percevons telles par un jugement intuitif de l'esprit. Mais ce n'est pas là le langage d'Aristote; car en même temps qu'il nous dit qu'il n'y a de démonstration que des vérités éternelles, il affirme que les premiers principes qui sont le fondement de toute démonstration, naissent par inductions, des informations de nos sens. Je laisse à ses commentateurs le soin de concilier cette contradiction apparente. Pour moi, je ne puis m'empêcher de partager l'opinion de ceux qui pensent que la théorie du syllogisme se seroit mieux accordée avec la doctrine de Platon sur les idées générales qu'avec celle que professe sur le même sujet le fondateur de l'école péripatétique. Etablir que dans toute démonstration nous raisonnons du général au particulier, et en même temps affirmer que dans ses progrès notre esprit va nécessairement du particulier au général, par degrés et par une induction fondée sur le rapport des sens, sans doute c'est là une doctrine dont un esprit ordinaire ne saisira pas aisément l'identité.

Certes, il y a plus d'habileté dans la conduite de cet écrivain, qui, défendant la théorie du syllogisme, abandonne entièrement les importantes conclusions d'Aristote sur le progrès naturel de l'esprit humain, et cherche à se retrancher dans ce qu'on a regardé comme une des plus inaccessibles hauteurs de la philosophie platonique, c'est-à-dire dans cette ancienne doctrine qui attribue aux idées générales une existence nécessaire et éternelle. Si dans cette occasion il se fût borné comme Aristote aux seuls principes abstraits, peut-être eût-il été difficile de réfuter à la satisfaction du commun des lecteurs ses argumens métaphysiques. Heureusement il a bien voulu condescendre à nous donner quelques exemples et quelques éclaircissemens qui rendent cette tâche tout-à-fait inutile, et qui, selon moi, donnent à la cause qu'il vouloit défendre un des coups les plus mortels qu'elle ait jamais reçus. Surtout le panégyrique suivant sur l'utilité de la logique forme précisément un commentaire tel que j'aurois pu le désirer moi-même sur les propositions que j'ai tâché d'établir.

» Pour preuve de l'utilité de la logique,

» je vais donner un exemple d'un argument » destiné à montrer que l'homme est une » substance. Cet argument, mis sous la » forme syllogistique, est ainsi conçu :

» Tout animal est une substance.
» Tout homme est un animal.
» Donc, tout homme est une substance.

» Il n'y a pas, je crois, un homme qui » ne soit convaincu de la vérité de la con- » clusion de ce syllogisme. Mais comment » en est-il convaincu? Pour quelle raison » croit-il qu'il est vrai? Nul ne peut le dire, » qui n'a point appris de la logique d'Aris- » tote à connoître ce que c'est qu'une pro- » position, ce que c'est qu'un syllogisme. » C'est là qu'il apprendra que toute propo- » sition affirme ou nie quelque chose de » quelqu'autre chose. Ce qui est affirmé ou » nié, on le nomme l'attribut, et ce dont il » est affirmé ou nié, on le nomme le sujet. » L'attribut étant une idée plus générale » que le sujet auquel il appartient, doit le » contenir ou le renfermer si c'est une pro- » position affirmative; si c'est une propo- » sition négative, il doit l'exclure. Telle est

» la nature des propositions. Quant au syl-
» logisme, son usage est de prouver une
» proposition qui n'est point évidente par
» elle-même. On y parvient, en trouvant
» ce qui s'appelle un moyen terme, c'est-à-
» dire un terme qui convienne à la fois et
» à l'attribut et au sujet de la proposition
» à prouver. Ici la proposition à prouver est
» que l'homme est une substance, ou en
» d'autres mots, que Substance peut être
» affirmée d'Homme. Et le moyen terme
» par lequel cette liaison est découverte,
» est *animal*, dont *substance* est l'attribut.
» C'est là ce qu'on appelle la majeure du
» syllogisme, proposition par laquelle le
» grand terme de la proposition à prouver
» est affirmé du moyen terme. Ainsi *ani-*
» *mal* est affirmé d'*homme*; et c'est là la
» mineure du syllogisme, qui affirme le
» moyen terme du petit terme, c'est-à-
» dire du sujet de la proposition à prouver.
» La conclusion est donc que comme *subs-*
» *tance* contient *animal*, et qu'*homme* est
» contenu dans *animal*, ou est une partie
» de l'idée *animal*, il s'en suit que *substance*
» contient *homme*. Et la conclusion est né-
» cessairement déduite de l'axiome que nous

» avons proclamé comme le fondement de » la vérité du syllogisme : que le Tout est » plus grand qu'une de ses Parties, et les » contient toutes, de telle sorte que la vé» rité de ce syllogisme est aussi évidente » que lorsque nous disons que si A contient » B et que B contienne C, alors A contient C.

» C'est en cette manière qu'Aristote à dé» montré la vérité du syllogisme. Mais un » homme qui n'a point étudié la logique ne » peut pas plus dire pourquoi il a la foi » dans la vérité du syllogisme que nous avons » cité, qu'un menuisier ou tout autre ar» tisan qui mesure avec un pied la lon» gueur de deux corps, et les trouve exac» tement de la même dimension, sans que » l'un soit plus long ni plus court que l'au» tre, ne peut dire pour quelle raison il » croit que ces deux corps sont égaux, » tant qu'il ne connoît pas l'axiome d'Eu» clide, que deux choses égales à une troi» sième sont égales entre elles. »

» Par cette découverte, Aristote a ré» pondu à la question que Ponce-Pilate, le » gouverneur romain, adressoit à notre » Sauveur : Qu'est-ce que la vérité? ques» tion dont la réponse paroît maintenant

» si facile que je suis persuadé que Pilate » n'auroit pas seulement songé à la faire, » s'il eût étudié la logique d'Aristote (1). »

Je me suis répandu en plus de détails que je n'eusse voulu sur cet article fondamental de logique, pour qu'on ne m'accusât pas de répéter ces généralités triviales qui ont dernièrement tant excité les plaintes des champions d'Aristote. Je ne veux cependant point entrer plus avant dans les diverses parties du système, et je vais tâcher d'offrir quelques remarques d'une nature plus pratique sur l'objet et la valeur de l'art du syllogisme.

---

(1) J'ai cité ce morceau dans toute sa longueur, parce que je regarde comme un exemple instructif de l'effet que peuvent produire sur l'esprit d'un homme les études scolastiques, lorsqu'elles deviennent l'objet habituel et favori de ses occupations.

SECTION II.

Réflexions générales sur le but de la logique d'Aristote et sur les habitudes intellectuelles que l'étude de cette logique tend à former en nous. — Que nos progrès dans l'art du raisonnement ne doivent être regardés que comme un objet secondaire dans la culture de l'esprit.

Les remarques faites depuis long-temps par Bacon sur l'inutilité du syllogisme comme moyen de découverte scientifique, et les critiques de Locke sur cette forme de raisonnement, sont si décisives pour le sujet que nous traitons, et en même temps si familières à tous ceux qui tournent leur attention vers les recherches philosophiques, qu'elles rendent parfaitement inutile pour moi toute réflexion nouvelle. Je vais donc me borner à un petit nombre d'idées générales sur un ou deux des points négligés par ces illustres écrivains, et sur lesquels il est important d'insister pour apprécier à sa juste valeur la logique d'Aristote, considérée comme branche de l'éducation.

C'est une observation souvent répétée depuis Bacon, et dont on s'étonne que les philosophes aient long-temps fait si peu de cas, que dans tous nos raisonnemens sur l'ordre de l'univers, l'expérience est notre seul guide, et que les connoissances en cette matière ne peuvent s'acquérir qu'en partant du particulier pour s'élever au général. Le syllogisme au contraire nous conduit invariablement de l'universel au particulier, tandis que ce particulier, au lieu d'être une conséquence de la proposition universelle, est appliqué et présupposé dans chacun des termes de l'énonciation de cette proposition. Aussi en a-t-on justement conclu que l'art du syllogisme ne peut aider en rien nos progrès dans la connoissance de la nature.

On peut ajouter à ces observations que s'il existe quelques systèmes scientifiques où le syllogisme puisse être employé utilement, ce doit être ceux où nos jugemens se forment pour les cas particuliers d'après certaines maximes qu'il n'est pas permis de discuter. On peut citer pour exemple la jurisprudence pratique. Là, les conclusions particulières doivent se régler sur les principes généraux, bons ou mauvais. Il en fut de même pour toutes les branches de la philosophie, aussi long-temps que prévalut l'autorité des grands noms, et que les vieilles maximes scolastiques étoient reçues sans examen pour des vérités incontestables (1). Mais depuis que l'on a enfin senti toute l'importance de l'expérience et de l'observation, l'art syllogistique est tombé insensiblement dans le mépris.

Une remarque à peu près semblable se présente dans la préface du *Novum Organon*. « Ceux qui accordèrent tant à la logique, « dit Bacon, pensèrent fort sagement qu'il « n'étoit pas bon d'abandonner l'esprit à « lui-même, sans le frein de quelques rè- « gles. Mais le remède, loin de détruire le « mal, en devint une partie même. Car la « logique, dont le règne commença, quoi- « qu'assez utile peut-être dans les affaires « civiles, et dans les arts qui consistent à

---

(1) Ce sera un sujet éternel d'étonnement pour les personnes qui savent bien ce que c'est que la philosophie, de voir que l'autorité d'Aristote a été tellement respectée dans les écoles pendant quelques siècles, que lorsqu'un disputant citoit un passage de ce philosophe, celui qui soutenoit la thèse n'osoit point dire *transeat*; il falloit qu'il niât le passage ou qu'il l'expliquât à sa manière. Dict. de Bayle, article Aristote.

« discourir et à opiner, manque tout-à-fait « de la finesse et de la sagacité nécessaires « à l'étude des ouvrages de la nature réelle; « et s'attaquant à une science qui lui est « interdite, elle a servi à confirmer et à « établir des erreurs plutôt qu'à ouvrir une « route à la vérité. »

Cependant ce n'est pas seulement comme instrument inutile ou impuissant pour la découverte de la vérité que cet art peut être condamné. L'importance du but même qu'il se propose hautement est assez douteuse. Exercer avec justesse sa faculté de déduction et d'argumentation, ou en d'autres termes, tirer une conséquence légitime de prémisses qu'on a sous les yeux, semble être un procédé intellectuel qui a peu besoin pour s'accomplir de l'assistance d'une règle. La preuve la plus évidente, c'est la facilité avec laquelle les hommes de la capacité la plus ordinaire apprennent, en peu de mois, à saisir les plus longues démonstrations mathématiques, facilité qui, lorsqu'on la compare à la difficulté qu'on trouve à leur faire voir clair dans des questions de morale ou de politique, prouve suffisamment que ce n'est pas de notre inhabileté à accomplir un procédé logique, que naissent nos erreurs spéculatives. Le fait est que dans la plupart des sciences nos raisonnemens sont assez peu compliqués; et cependant, combien l'esprit le plus circonspect et le plus pénétrant est encore exposé à former des conclusions erronées.

L'énumération des causes de ces faux jugemens seroit un travail étranger à ce que je me propose dans cette Section. Je dirai cependant, pour en donner quelques exemples, que les plus puissantes me semblent être : 1.° Les imperfections du langage, considéré comme instrument de pensée, et comme moyen de communication philosophique. 2.° La difficulté dans la plupart de nos plus importantes recherches, de s'assurer vraiment des faits sur lesquels doivent s'appuyer nos raisonnemens. 3.° Les idées partielles et étroites que le manque de connoissance ou quelque défaut de notre esprit nous portent à faire des sujets, compliqués dans leurs détails, ou liés par de nombreux rapports avec d'autres questions également problématiques. Et enfin, et c'est ici peut-être la source la plus féconde d'erreurs spéculatives, les préjugés, sous lesquels l'autorité et la mode, soutenues par les impressions et les liaisons de notre enfance, étouffent nos opinions. L'examen des causes qui peuvent égarer le jugement dans la recherche de la vérité, et la recherche des moyens les plus efficaces pour s'en garantir, formeroient un article bien important dans un système philosophique de logique; mais ce n'est pas sur de tels sujets que nous devons attendre quelque instruction de la logique d'Aristote (1).

L'idée fondamentale sur laquelle s'appuya évidemment ce philosophe, et qu'ont adoptée trop implicitement la plupart de ceux-là même qui ont rejeté la théorie syllogistique, c'est que la découverte de la vérité dépend principalement de la faculté du raisonnement, et que c'est la force comparative de cette faculté qui constitue la supériorité intellectuelle d'un homme sur un autre. La ressemblance des mots *raison* et *raisonne-*

(1) Dans la logique de Port-Royal, il y a un chapitre intitulé : *Des sophismes d'amour-propre, d'intérêt et de passion*, qui mérite d'être lu avec une grande attention.

ment, et la confusion qui en est résultée dans leur signification particulière, ont puissamment contribué à encourager et à perpétuer cette malheureuse méprise. Ou je m'abuse étrangement, ou l'on se convaincra par un examen attentif que des différens élémens qui entrent dans la *raison*, dans l'acception du mot la plus étendue, le pouvoir de conduire à son terme un long procédé de raisonnement ou de déduction, est vraiment un des moins importans (1).

---

(1) Le lecteur se souvient que nous avons déjà observé plus haut que la théorie tout entière du syllogisme s'appuie sur la supposition que le même mot est toujours employé dans le même sens, et qu'ainsi elle regarde comme accordé, dans toutes les règles qu'elle donne pour guider notre faculté de raisonnement, que la partie la plus délicate et la plus difficile de beaucoup du procédé logique a déjà été conduite à une heureuse fin. Cette idée simple, et pourtant généralement inaperçue, avoit déjà occupé Turgot : « Tout l'artifice de ce calcul ingénieux « dont Aristote nous a donné les règles, est fondé « sur l'usage des mots dans le même sens; l'emploi « d'un même mot dans deux sens différens fait de « tout raisonnement un sophisme, et ce genre de so- « phisme, peut-être le plus commun de tous, est « une des sources les plus ordinaires de nos erreurs. » Oeuvres de M. Turgot, tom. III. p. 66.

La plus légère réflexion peut nous convaincre du peu de part que l'on doit attribuer au simple raisonnement, dans les progrès de l'esprit humain en général. Les miracles qu'il a opérés se bornent, en grande partie, aux sciences mathématiques, seules branches de la connoissance humaine où la pensée puisse se développer en une longue chaîne. Et même dans ces sciences, la méthode, unie à un habile usage des secours que l'art a procurés à nos facultés intellectuelles, nous servira plus que la capacité la plus vigoureuse que l'on puisse concevoir, seulement et exclusivement exercée par les habitudes d'une déduction synthétique. Peut-être est-il bon d'ajouter que ces secours sont si loin d'être toujours favorables à la faculté de raisonnement, dans l'acception la plus stricte du mot, que l'on peut se demander si, parmi les anciens géomètres grecs, cette faculté n'étoit pas portée à un plus haut degré de culture, en conséquence de leur ignorance des formules algébriques, qu'elle ne l'est aujourd'hui parmi les plus profonds mathématiciens de l'Europe.

La vérité de cette remarque est encore

plus frappante dans les autres sciences. Par qui l'art du raisonnement fut-il jamais cultivé avec tant de soin que par les scolastiques, et où trouvera-t-on autant que dans leurs écrits des monumens de ce que le *simple raisonnement* peut à lui seul accomplir? Le même but auroit-il pu être atteint sans le secours de leurs règles techniques? c'est là une autre question. Mais ce qu'on ne peut nier, c'est que leurs succès n'aient été grands, et qu'ils n'aient touché le but auquels ils visoient. Et cependant, je crois qu'il sera maintenant généralement avoué que jamais l'esprit humain n'avoit consumé pendant tant de siècles ses soins et ses forces, dans des travaux d'une utilité si peu réelle. Cette absurdité de vouloir élever l'édifice de la science par le seul art du raisonnement a été remarquée avec une sagacité singulière au milieu même des ténèbres du douzième siècle, par Jean Salisbury, très-fort lui-même en scolastique, et l'un des élèves du célèbre Abeilard. « Après « une longue absence de Paris », nous dit-il, « j'allai visiter les compagnons de « mes premières études. Je les trouvai sous « tous les rapports précisément au point

« où je les avois laissés, n'ayant pas avancé « d'un pas vers la solution de leurs ancien- « nes difficultés, ne s'étant pas enrichis « d'une seule idée nouvelle : preuve bien « frappante que la logique, quelque pro- « grès qu'elle puisse faire faire aux autres « sciences, sera toujours stérile et morte, « tant qu'on l'abandonnera à elle-même (1). »

Parmi les différentes carrières qui s'ouvrent maintenant aux hommes qui ont reçu une éducation libérale, il n'en est certainement pas de plus favorable au raisonnement que la science et la profession du légiste. Aussi M. Burke a-t-il observé « qu'elles font plus pour la vivacité et la « vigueur de l'esprit que toutes les autres « sciences ensemble. » Mais il ajoute « qu'el- « les ne sont pas également propres, excepté « pour les personnes heureusement nées, à « faire naître dans l'homme des sentimens » grands et généreux ». Cela n'est pas surprenant. Les derniers principes du bien et du mal auxquels on puisse légalement en appeler dans la jurisprudence étant des règles de con-

(1) Metalog. lib. II. cap. 10.

vention et des autorités tout humaines, il n'y a point là de champ ouvert à cet esprit de libre recherche que la philosophie se glorifie d'encourager. En outre, les habitudes de pensées qu'un exercice de cette profession tend à former en nous, semblent peu favorables aux qualités dont se compose ce qu'on appelle proprement le jugement, ou en d'autres termes, aux qualités dont dépend la justesse ou l'exactitude de nos opinions. Elle accoutume l'esprit à ne voir les choses que sous le jour où les mettent les intérêts contraires des parties; elle ne lui donne point cette vue calme, étendue et éclairée des détails dans toute leur portée et dans tous leurs rapports. De là ces contrastes apparens qui nous étonnent quelquefois dans les facultés intellectuelles des praticiens les plus distingués : beaucoup de finesse et de subtilité dans les distinctions, une argumentation ingénieuse et serrée, des ressources inépuisables d'invention, d'esprit et d'éloquence, et avec tout cela non-seulement l'imbécillité d'un enfant dans les affaires de la vie, mais encore une entière incapacité de donner une décision saine et vraie, même sur ces questions problématiques qui font journellement le sujet de leurs discussions. Ces âmes grandes et éclairées dont les jugemens ont été transmis à la postérité comme les oracles de la sagesse judiciaire, ne s'étoient probablement point formées par les débats du barreau, mais plutôt en luttant contre ces habitudes et en s'arrachant à leur domination.

Les habitudes de l'écrivain qui se livre à la controverse sont, à quelques égards, analogues à celles du légiste, et leur effets sur l'intelligence, lorsqu'elle s'engage à la recherche de la vérité, sont à peu près les mêmes. Elles retiennent l'esprit dans un point de vue particulier de la question, et au lieu de l'instruire à combiner ensemble les diverses circonstances qui semblent favoriser des conclusions opposées, de manière à les limiter l'une par l'autre, et éloigner le jugement des deux extrêmes, elles ne sont propres, en présentant le sujet tout entier tantôt d'un côté, tantôt de l'autre, qu'à jeter celui qui discute ainsi dans le scepticisme, et à le rendre la dupe de son propre talent.

Si ces observations sont vraies, elles attaquent bien vivement non-seulement la forme de la logique des écoles, mais l'importance du but même auquel elle aspire. Locke et beaucoup d'autres ont déjà montré assez combien la théorie syllogistique est impuissante à exécuter son dessein avoué; mais il semble que peu d'auteurs aient vu assez clairement combien peu ce dessein, quand il seroit accompli, nous avanceroit pour la connoissance des vérités qui intéressent le plus le bonheur de l'humanité.

Il y a une espèce de fous, dit le père Buffier, dont on fait d'excellens logiciens. Cette remarque semble un peu paradoxale, mais elle n'en a pas moins un solide fondement et dans l'expérience et dans la théorie de l'esprit humain. Et elle ne s'applique pas seulement aux défenseurs scolastiques de paradoxes métaphysiques; elle s'étend à tous ceux dont la passion dominante est de déployer leur dextérité dans l'argumentation, sans s'inquiéter davantage de la justesse de leurs prémisses, ou de la vérité de leurs conclusions. Lord Erskine observe que dans toutes les causes les plus compliquées qui ont occupé la cour de Westminster-Hall, les lunatiques et les autres insensés dont ils'agissoit dans ces affaires, non-seulement ont montré une connoissance parfaite de tous les rapports dans lesquels ils se trouvoient avec les autres peronnes, et des actes et des circonstances de leur vie, mais encore se sont fait remarquer en général par la finesse et la subtilité de leur esprit. « De pareils cas, ajoute-t-il, viennent souvent déconcerter la sagesse des « plus habiles dans les débats judiciaires; « car ces personnes raisonnent souvent avec « une subtilité qui l'emporte de beaucoup « sur les conceptions ordinaires de l'esprit « humain. Leurs conclusions sont justes « et souvent profondes; mais les prémisses dont ils partent, lorsqu'elles se ressentent de l'influence de leur maladie, « sont toutes fausses sans exception. Et cette « fausseté ne naît pas de quelque défaut « de connoissance ou de jugement; mais « c'est qu'une trompeuse image, compagne inséparable d'une folie réelle, s'empare de leur esprit subjugué, sans qu'il « puisse faire de résistance, puisqu'il n'a « pas conscience de l'attaque. »

Dans les exemples dont il est ici question, sans doute il faut attribuer quelque chose à l'influence physique du désordre de l'esprit, qui fait naître, avec un goût pour la controverse, une irritation surnaturelle de la faculté d'attention et de quelques autres facultés intellectuelles. Mais il faut attribuer beaucoup plus encore à cet autre effet de la maladie qui consiste à affranchir l'esprit des circonstances accessoires qui, dans des entendemens plus sains, retardent et contrôlent perpétuellement le raisonnement dans ses opérations. Parmi ces circonstances, il suffit d'indiquer : 1.° Cette défiance que nous donne insensiblement l'expérience, de l'exactitude et de la précision du langage dans lequel nos raisonnemens sont exprimés; et en outre une appréhension à peu près pareille des méprises involontaires qui naissent du vague et de l'ambiguité des termes. 2.° Un secret soupçon que peut-être ne sommes-nous pas en pleine possession de tous les élémens dont dépend la solution du problème. 3.° L'influence habituelle de ces premiers principes de propriété, de moralité, et du sens commun qui, aussi long-temps que la raison maintient son ascendant, exerce une autorité souveraine sur toutes ces conclusions spéculatives qui ont quelque rapport avec les intérêts de la vie. Or, de toutes ces barrières qui arrêtent le raisonnement dans sa marche, aucune n'est fortifiée par les règles du logicien, ou par les habitudes des discussions de vive voix. Au contraire, plus leur puissance régulatrice s'affermit, et plus se trouve encouragée cette hésitation et cette marche lente et circonspecte du jugement, qui touche de si près à l'esprit de la véritable philosophie, mais dont l'embarras est si fatal lorsqu'on lutte avec un antagoniste dont l'objet est non pas la vérité, mais la victoire. Dans la folie, où leur contrôle est tout-à-fait nul, il est naturel que le raisonnement, dans son procédé purement logique que n'arrête jamais le soin d'analyser la signification des mots, s'avance plus rapidement avec moins de circonspection qu'auparavant, se produisant avec une volubilité de paroles et une apparente vivacité de conception qui présente au commun des observateurs tous les caractères de la supériorité intellectuelle. Est-il nécessaire d'ajouter que ces mêmes apparences qui, dans le cas de l'aberration mentale, se développent sur une si grande échelle, doivent aussi se reproduire naturellement avec plus ou moins de force partout où manque quelqu'une de ces qualités qui constituent la profondeur et la sagacité du jugement?

Pour mon compte, mon expérience individuelle me porte à accorder si peu d'estime à cette adresse d'argumentation, comparée avec tout autre don de l'esprit dans ses avantages pour nos progrès intellectuels, que j'ai long-temps eu l'habitude de considérer cette promptitude de réplique, et ce dogmatisme de décision qui distinguent l'esprit vif et rompu à la dispute, comme des symptômes presque infaillibles d'une capacité bornée, et dépourvue de ce que Locke appelle un sens bien large et bien solide. Cette dernière qualité, qui fut toujours un don de la nature autant qu'un fruit de l'éducation, peut être justement regardée comme partie essentielle de tout génie élevé. C'est elle qui, lorsqu'elle est cultivée par l'étude, et dirigée vers de grands objets, affranchit notre âme de tout préjugé, lui donne la grandeur des conceptions et la force qui crée. Là où elle manque, au contraire, on pourra trouver encore à un assez haut degré l'instruction et la vivacité d'esprit, cette élocution brillante qui appelle les applaudissemens; cet esprit qui se laisse polir et perfectionner par le commerce du monde et qui s'unit si souvent à des talens imposans mais secondaires; mais du reste on peut être sûr qu'il y a impuissance totale pour les grandes vues et pour les combinaisons profondes, soit dans les recherches des sciences, soit dans la conduite des affaires.

SECTION III.

A quels égards la logique d'Aristote peut être utile à ceux qui discutent. — Qu'une connoissance générale de cette science est regardée avec raison comme le complément essentiel de toute éducation libérale. — Doutes élevés par quelques écrivains de ces derniers temps sur les pretentions d'Aristote à l'invention de la théorie du syllogisme.

Le résultat général des réflexions précédentes est que les moyens employés par la logique des écoles pour aider la faculté discursive, quand même le but proposé seroit véritablement atteint, ne sont pas d'une grande puissance pour avancer les progrès de l'esprit, ou le garantir contre l'influence des opinions erronées. Mais il y a encore une autre question : c'est de savoir jusqu'à quel point cet art peut être utile à ceux que leur profession ou leurs inclinations conduisent à essayer leurs forces dans la guerre de controverse. Mon opinion est, que, dans le siècle présent, il ne donneroit pas, au jugement des hommes dont le suffrage est de quelque prix, le plus léger avantage à l'un des antagonistes sur l'autre. Dans les siècles passés, le cas sans doute eût été tout différent. Tant que les formes scolastiques continuèrent à être maintenues, et que les seuls juges du débat étoient des hommes de l'école, un logicien expert ne pouvoit pas manquer d'obtenir une victoire aisée sur un profès plus novice. Mais aujourd'hui que le tribunal suprême auquel doivent en appeler toutes les parties se trouve placé non plus *dans* mais *hors* les murs des universités, et que le plus habile en dialectique doit, pour ne pas nuire à sa cause, éviter toute allusion aux termes et aux formes techniques de son art, peut-on imaginer que la simple possession de ces règles lui fournisse un secours invisible pour blesser son adversaire, ou quelque secret magique qui le rende invulnérable aux coups d'un assaillant (1)? S'il en étoit réellement

(1) Un argument semblable, en faveur de la logique d'Aristote, a effectivement été apporté dans un traité que j'ai eu occasion de citer.

« Locke semble s'imaginer que la doctrine du syl« logisme ne peut absolument servir qu'à ceux qui ré« digent leurs raisonnemens dans la forme syllogisti« que. Un tel usage exposeroit justement un homme « au reproche d'un ennuyeux et dégoûtant pédan« tisme. Mais en fait, on peut ne se servir jamais « d'une seule expression empruntée à la logique d'A« ristote, et cependant s'aider en secret de cette lo« gique dans le plus important usage qu'on puisse en « faire, en soumettant les définitions, les divisions « et les argumens à l'épreuve de ses règles. »

« Ainsi, pour appliquer ces idées à l'examen d'un « argument que nous désirons réfuter, le logicien « pourra ramener l'argument dans son esprit à la « forme syllogistique. Par là, il aura devant les yeux « toutes les parties constituantes de l'argument, dont « quelques-unes pouvoient avoir été entièrement sup« primées par son antagoniste, et quelques autres « déguisées par l'équivoque ou la déclamation. Il con« noît tous les points dans lesquels il est sujet à l'exa« men. Il aperçoit immédiatement, par les règles « de son art, si les prémisses peuvent être accordées, ainsi, on auroit pu espérer que les avocats qui s'étoient chargés de sa défense (en songeant combien leur orgueil étoit intéressé dans cette controverse) nous auroient donné quelque preuve plus éclatante de son utilité pratique, en la défendant contre les attaques peu scientifiques de Bacon et de Locke. Cependant, il est assez remarquable que dans tous les argumens qu'ils ont risqués en sa faveur, non-seulement ils ont été vaincus par ces mêmes antagonistes qu'ils accusent d'ignorance, mais qu'ils ont même été chassés du champ de bataille.

Je sais qu'un habile et ingénieux écrivain a affirmé, « qu'il n'avoit jamais ren-

---

« et la conclusion niée, à cause du défaut de ce « qu'on nomme *vis consequentiæ*. Si elles ne le peu« vent pas, il sait où chercher l'endroit foible. Il « s'attache à chacune des prémisses; il considère si « elles sont fausses, douteuses, ou équivoques, et « se prépare à exposer chaque point foible de l'ar« gument avec clarté, précision, et méthode, et « cela à des gens qui ignorent peut-être entièrement « quels secours rendent ainsi l'orateur capable de faire « naître en eux la conviction à chacune de ses pa« roles. » Commentary on the Compendium of Logic, used in the university of Dublin. Dublin 1805.

« contré une personne tout-à-fait étrangère « à la logique qui pût exposer et défendre « son raisonnement avec facilité, clarté, « et précision; qu'il a vu des gens d'un es- « prit très-pénétrant embarrassés par un ar- « gument dont ils sentoient peut-être le vice, « sans cependant être capables de dire en « quoi il péchoit; tandis qu'un logicien « d'un esprit inférieur du reste, l'auroit « tout d'un coup discerné et remarqué (1). » Je ne nie point que cette assertion n'ait quelque fondement. La partie de la logique d'Aristote qui paroît le plus d'une utilité pratique (quoiqu'elle soit fort imparfaite dans l'exécution), c'est le livre des sophismes qui aujourd'hui fournit encore des termes très-commodes pour marquer avec concision quelques-uns des vices de raisonnement qui trompent le plus aisément l'esprit dans la chaleur d'une dispute de vive voix. On peut douter qu'il soit d'aucun secours pour découvrir ou discerner ces défauts. Mais c'est certainement un avantage, et un avantage qui n'est point méprisable, d'avoir tou-

(1) M. Walker, auteur du commentaire cité dans la note précédente.

jours en main une suite de termes techniques au moyen desquels nous puissions indiquer, sans circonlocution ou sans discussion, à nos auditeurs les parties vulnérables du raisonnement de notre antagoniste. Je suis loin de penser que l'on ne puisse rien retirer de la logique d'Aristote; mais ce que je crois, c'est que tout ce qu'on y trouve d'utile se réduit à peu de chose, et décidément je suis d'avis que toutes les fois qu'on en fera l'objet sérieux et favori de ses études, elle fera infiniment plus de mal que de bien.

Je dois cependant avouer que les défenseurs de la logique peuvent s'appuyer de l'autorité de quelques grands noms, entre autres de celui de Leibnitz, un des plus illustres sans contredit de la philosophie moderne. Mais sur ce point l'esprit de Leibnitz n'étoit pas dégagé de tout préjugé. Il paroît qu'il contracta de bonne heure un attachement assez partial, non-seulement pour la science scolastique, mais encore pour ces projets sortis de l'école, de ramener, au moyen de secours techniques, l'exercice de la faculté discursive à une sorte d'opération mécanique; attachement que ne manqua pas de fortifier ce vif penchant à raisonner synthétiquement sur des maximes abstraites qui caractérise toutes ses spéculations philosophiques. On doit se rappeler aussi qu'il vivoit à une époque où la dextérité logique étoit encore regardée en Allemagne comme une qualité indispensable à tous ceux que leur goût engageoit à cultiver les lettres où les sciences. Et cette qualité ne s'acquéroit pas si aisément ; il falloit, pour l'obtenir, de longues et pénibles études, et pour s'en servir heureusement, un assez haut degré de finesse, de promptitude et d'invention. Ajoutons à tout cela, que tant que cet art resta en vogue, il devoit donner de grandes jouissances à la vanité et à l'amour-propre de celui qui le possédoit, en lui assurant dans toutes les discussions un triomphe infaillible sur tous ceux qui étoient moins habiles. Ces considérations jointes à l'amour de la jurisprudence qu'il garda toute sa vie peuvent nous expliquer la disposition que montre quelquefois Leibnitz à exagérer un peu l'importance de cet art.

Après avoir tant déprécié l'art du syllogisme, je sens que c'est un devoir pour moi d'ajouter que je n'entends point dire qu'une connoissance générale de cet art soit sans aucune valeur, même de nos temps; le langage technique qui s'y lie est maintenant si bien mêlé avec toutes les parties les plus hautes de la science, qu'indépendamment de toutes considérations sur ses applications pratiques, on peut dire qu'une étude de sa langue particulière est une préparation indispensable pour quiconque veut se livrer aux sciences où à la littérature. En outre, il restera toujours pour le philosophe un intéressant sujet de réflexions, comme un des faits les plus singuliers qu'offre l'histoire de l'esprit humain. Le mérite et la subtilité de l'invention, la force et l'étendue d'esprit déployées dans l'exécution d'un si vaste desssein, sont un monument glorieux et impérissable de la puissance du génie d'Aristote, et ne nous laissent que le regret que tant de précieuses qualités aient été employées à des objets de si peu d'utilité.

Dans le cours de ce chapitre, j'ai toujours parlé dans la supposition que toute la gloire de l'invention appartient à Aristote. Cependant, avant de finir, il est bon de parler un peu des doutes que font naître à ce sujet quelques connoissances récentes sur les restes d'une ancienne science qui existe encore dans l'Orient.

« Il suffira, dit Sir William Jones, dans « son troisième discours à la Société asia- « tique, il suffira d'affirmer ce que des preu- « ves irrécusables placent au-dessus de « toute discussion, c'est que nous vivons « ici au milieu des adorateurs de ces déités « qui furent honorées sous des noms dif- « férens dans l'ancienne Grèce et dans l'Ita- « lie, et au milieu des professeurs de ces « dogmes philosophiques que les écrivains « de l'Ionie et de l'Attique ornèrent de « toutes les beautés de leur langage mé- « lodieux. D'un côté nous voyons le trident « de Neptune, l'aigle de Jupiter, les sa- « tyres de Bacchus, l'arc de Cupidon et « le char du Soleil; de l'autre nous enten- « dons les cymbales de Rhéa, les hymnes « des Muses et les chants pastoraux d'Ap- « pollon Nomius. Dans des retraites plus « cachées, au milieu des bocages, et « dans les séminaires des savans, nous pou- « vons apercevoir les Brames et les Ser- « manes, dont parle Clément, *disputant* « *dans les formes de la logique*, ou dis- « courant sur la vanité des joies humaines,

« sur l'immortalité de l'âme, sur son éma-
« nation de la substance éternelle, son abais-
« sement, ses fortunes diverses jusqu'à ce
« qu'elle revienne à sa source. Les six
« écoles philosophiques dont les principes
« sont exposés dans le *Dersana Sastra*, com-
« prennent toute la métaphysique de l'an-
« cienne Académie, du Portique et du Ly-
« cée, et l'on ne peut lire le Védam ou
« beaucoup d'autres productions destinées
« à lui servir de commentaires, sans être
« convaincu que Pythagore et Platon pui-
« sèrent leurs sublimes théories aux mê-
« mes sources que les sages de l'Inde (1). »
Dans un autre discours le même auteur fait mention d'une tradition qui rapporte que parmi les autres curiosités indiennes que Callisthène fit passer à son oncle *étoit un système technique de logique* que les Brames lui avoient communiqué, et que l'auteur du *Dabistan* suppose avoir été le fondement du fameux ouvrage d'Aristote.

Quant à la solidité de l'opinion qui rapporte à l'Orient l'origine de la philosophie

(1) Oeuvres de Sir William Jones; Vol. I, p. 28.

grecque, et à laquelle ces citations donnent la sanction d'une autorité fort respectable, les faits dont nous sommes en possession sur ce sujet sont encore trop peu nombreux pour nous permettre d'être juges compétens. Peut-être pourroit-on croire que la connoissance de la logique d'Aristote qui existe dans l'Inde, s'explique assez par les conquêtes des mahométans, et par la vénération où fut Aristote dès les premiers temps chez les serviteurs du prophète. D'un autre côté, l'on doit reconnoître que cette partie de l'ouvrage d'Aristote contient en lui-même des preuves évidentes de secours empruntés à une école plus ancienne. Outre cette apparence imposante qu'il nous offre d'un système complet dans ses innombrables détails, perfection à laquelle il est à peine possible que l'ait conduit tout d'un coup le premier inventeur de cet art, il y a un manque d'harmonie ou d'unité qui semble trahir une combinaison de théories diverses et discordantes. Ce que j'ai eu surtout en vue, c'est ce qu'on y trouve sur la nature de la science et de la démonstration, comparé avec les opinions bien connues d'Aristote sur le progrès naturel de l'esprit dans l'acquisition de la connoissance.

Ces idées, que je hasarde avec une défiance extrême, ne doivent point paroître incompatibles avec ce que dit Aristote lui-même dans la conclusion de son livre des Sophismes. Je sais que tout le monde a vu dans ce passage une prétention à la découverte du syllogisme; je crois cependant qu'il peut fort bien s'expliquer, sans supposer que cette prétention porte sur *toutes* les doctrines établies dans les livres des Analytiques. On peut remarquer à l'appui de cette opinion que tandis qu'Aristote fait ressortir avec force le contraste qui existe entre l'art dialectique tel qu'il vient d'en donner des leçons, et l'art de la dispute tel qu'on le pratiquoit jusque-là dans la Grèce, il ne fait pas la moindre allusion à la distinction des syllogismes en démonstratifs et en dialectiques, ou à ces doctrines sur la science et la démonstration qui s'accordent si mal avec l'esprit général de sa philosophie. Ce n'est donc point, ce me semble, une supposition déraisonnable que de croire qu'il se contenta de donner à ces doctrines, auxquelles il jugea à propos de mêler ses propres inventions et ses innovations, cette forme systématique et technique qui, par son langage particulier et ses autres accessoires imposans, fut calculée à la fois de manière à voiler leurs imperfections, et à flatter la vanité de ceux qui voudroient en faire l'objet de leurs études.

De la logique d'Aristote, je passe maintenant à celle de Bacon qui s'annonce comme devant nous guider systématiquement dans la recherche des lois de la nature, et dans l'application des connoissances qui en résulteront, à l'agrandissement de l'esprit humain, et à l'accroissement du bonheur de l'humanité.

J'ai dessein de traiter assez longuement de quelques-unes des règles fondamentales que distinguent plus particulièrement cette manière de philosopher, dirigeant surtout mon attention vers celles de ces questions qui se lient à la théorie de nos facultés intellectuelles. Sous ce point de vue, Bacon a laissé encore beaucoup à faire à ses successeurs. La nature de son génie le porta heureusement plutôt à saisir, par une sorte de pénétration intuitive, de grands résultats pratiques, qu'à se livrer à une curiosité stérile en comparaison, en remontant aux premières sources de la connoissance expérimentale, dans les principes et les lois de l'esprit humain. C'est à cette tâche plus humble que je me propose de me borner dans le chapitre suivant. Suivre Bacon dans les détails de sa méthode seroit un travail qui s'accorderoit mal avec le dessein de cet ouvrage.

CHAPITRE IV.

De la méthode de recherche enseignée dans la logique expérimentale ou inductive.

SECTION PREMIÈRE.

Erreurs des anciens sur le véritable objet de la philosophie. — Idées de Bacon sur le même sujet. — Raisonnement inductif. — Analyse et synthèse. — Différence essentielle entre les théories légitimes et les théories hypothétiques.

J'AI déjà eu plus d'une fois occasion d'observer que l'objet des sciences physiques est, non pas de découvrir par quels rapports nécessaires les faits se tiennent entre eux, mais seulement de constater leur liaison constante; non pas de rechercher la nature des causes efficientes dont dépendent en dernière analyse les phénomènes de l'univers, mais d'examiner avec soin quels sont ces phénomènes, et quelles lois générales les régissent.

Nous avons déjà parlé ailleurs (1) de la différence qui existe entre les causes efficientes et les causes physiques, ou lois générales, et de ce penchant de notre imagination qui nous porte à les confondre sous un même nom. Lorsque nous voyons deux évènemens constamment unis dans le même ordre, nous sommes naturellement disposés à associer les idées de causation au premier, et à lui attribuer le pouvoir ou l'énergie qui a produit ce changement; c'est là un fait évident et incontestable; et c'est ainsi que dans toutes les langues la série des causes et des effets physiques est méthaphoriquement comparée à une chaîne, dont on suppose que les anneaux se tiennent nécessairement et indissolublement. Mais aussi la plus légère réflexion doit nous convaincre que de pareilles idées sont contradictoires et même absurdes, puisque dans notre connoissance des évènemens physiques nous ne nous élevons pas plus haut que les lois qui règlent leur succession, et

(1) Elémens de la philosophie de l'Esprit humain. Vol. I. Chap. I. Sect. 2.

que le *pouvoir* et *l'énergie* sont des attributs non pas de la matière, mais de l'esprit (1).

Cette idée de *l'objet* des sciences physiques (qu'on peut justement regarder comme

---

(1) Sans ce penchant de l'imagination à identifier les causes efficientes avec les causes physiques, l'attention seroit continuellement détournée des soins nécessaires à la vie, et nos facultés resteroient inactives et suspendues dans un inutile étonnement devant ce mécanisme secret que la nature a couvert d'un voile impénétrable. Pour prévenir cette dangereuse distraction de la pensée, ce n'est que lentement et par des degrés imperceptibles que s'accomplissent en général tous les changemens dans l'ordre de l'univers. Si un animal ou un végétal se formoit sous nos yeux en un instant, l'evènement ne seroit pas plus merveilleux en lui-même que ces progrès plus lents qui d'un embryon ou d'un germe font un être entier et vivant. Mais dans le premier cas, il n'y auroit pas un homme qui ne voulût pénétrer et reconnoître l'action immédiate d'une cause intelligente, tandis que dans l'ordre actuel des choses, l'effet, en s'accomplissant insensiblement, se dérobe à l'observation. Il n'existe une vraie curiosité que dans ceux qui possèdent un degré de réflexion suffisant pour comparer l'état présent des objets qui les entourent, avec leur origine première, et les divers états de leur existence progressive.

l'idée fondammentale du *Novum Organon* de Bacon), diffère essentiellement de celle des anciens, qui disoient : La philosophie est la science des *causes*. Si par *cause* ils n'avoient entendu que ce qui précède et annonce constamment les évènemens, la définition s'accorderoit presque avec ce que nous avons établi nous-mêmes. Mais il est évident que par ce mot ils entendoient des antécédens liés aux événemens *nécessairement*, et de telle sorte qu'en les voyant, on pût prédire et démontrer infailliblement les effets qui alloient suivre. C'est cette malheureuse confusion de l'objet particulier de la physique avec celui de la métaphysique qui les conduisit à négliger l'observation des faits soumis à l'examen des sens, pour s'efforcer vainement de déduire par un raisonnement synthétique, comme conséquences nécessaires de leurs causes supposées, les phénomènes et les lois de la nature (1). « Causa ea est, dit Cicéron, quæ

(1) Descartes dans ses études sur la physique part aussi de ces principes erronés : *Perspicuum est optimam philosophandi viam non secuturos, si ex ipsius Dei cognitione rerum ab eo creatarum cognitionem deducere conemur, ut ità scientiam perfectissimam quœ est effectuum per causas acquiramus.*

« id efficit cujus est causa. Non sic causa in-« telligi debet, ut quod cuique antecedat, « id ei causa sit; sed quod cuique efficienter « antecedat. — Itaque dicebat Carneades ne « Apollinem quidem posse dicere futura *nisi* « *ea quorum causas natura ità contineret* « *ut ea fieri necesse esset. Causis enim effi-* « *cientibus quamque rem, cognitis, posse* « *denique sciri quid futurum esset.* »

C'est de cette disposition à confondre les causes efficientes avec les causes physiques, que naquirent la plupart des théories que nous offre l'histoire de la philosophie. C'est elle qui, dans les temps modernes, comme dans l'antiquité, a porté tant d'esprits à expliquer tous les phénomènes du mouvement par l'*impulsion*, et c'est encore elle qui a suggéré l'expédient plus simple qui les explique par l'action de *forces immatérielles* unies aux particules de la matière (1). Comme la communication du

(1) A cette dernière classe de théories peuvent aussi se rapporter les explications des phénomènes physiques par des causes telles que la sympathie, l'antipathie, l'horreur de la nature pour le vide, etc., et autres phrases empruntées par analogie aux attributs des êtres animés.

mouvement par l'impulsion, et la puissance qui est en nous de produire ce même mouvement par une volonté de l'esprit, sont deux faits dont chaque instant nous donne l'expérience, nous sommes portés à penser que nous connoissons parfaitement le nœud qui lie ici nécessairement la cause à l'effet; et il faut d'assez longues réflexions pour nous convaincre que, pour ces deux cas, nous sommes dans une obscurité aussi complète que dans nos conjectures sur les causes premières du magnétisme ou de la gravitation. Les rêves de l'école pythagoricienne au sujet des analogies et des harmonies qui existent entre la constitution de l'univers et les propriétés mathématiques des figures et des nombres, leur furent suggérés par cette même idée de liaisons *nécessaires* entre les phénomènes physiques, analogues à celles qui attachent ensemble les théorèmes de la géométrie ou de l'arithmétique, et par le vain espoir de pénétrer, au moyen d'un raisonnement synthétique et abstrait, dans les procédés mystérieux de la nature.

Homo naturæ minister et interpres tantum facit et intelligit quantum de naturæ ordine re vel mente observaverit, nec amplius scit aut potest. En nommant l'homme l'*interprète* de la nature, Bacon avoit absolument de l'objet des sciences physiques l'idée que j'ai tâché d'exprimer quand j'ai dit, que ce qu'on nomme communément la *cause* d'un phénomène, n'est que son antécédent, qu'un *signe* qui sert à l'annoncer. « Il y a, « dit l'illustre Berkeley, une analogie, une « constance et une uniformité dans les « phénomènes de la nature qui servent de « fondemens pour les règles générales. Ces « règles sont une espèce de grammaire pour « l'étude de la nature, ou de cette suite d'ef- « fets que nous offre le monde visible ; elles « nous mettent en état de prévoir ce qui « doit arriver, dans le cours naturel des « choses. Plotin observe dans sa troisième « Ennéade, que l'art de présager n'est en « quelque sorte que l'art de lire les lettres « naturelles, indicatives de l'ordre, et « qu'aussi loin que s'étend l'analogie dans « l'univers, il peut y avoir divination. Et « réellement, celui qui annonce les mouve- « mens des planètes, les effets de certains « remèdes, le résultat d'expériences chi-

« miques et mécaniques, fait une espèce « de prophétie naturelle (1) ».

Comme cette liaison des signes avec les choses signifiées est régulière et constante, elle forme une sorte de langage rationnel, et l'on doit y reconnoître l'effet immédiat d'une cause intelligente.

La même doctrine sur l'office et l'usage de la philosophie a été professée par Reid, et, à une époque beaucoup plus reculée, par Hobbes; enfin, c'est évidemment un système semblable qui conduisit Bacon à nommer la philosophie, l'interprétation de la nature.

Suivant la doctrine que nous venons d'établir, le premier, ou plutôt le seul objet de la physique est de constater ces liaisons d'événemens successifs qui constituent l'ordre de l'univers; de se rappeler les phénomènes, fruits de l'observation ou d'expériences attentives, et de les rapporter à des lois générales. Ainsi, tandis que le langage et les idées populaires nous portent à croire que nous sommes à la recherche des causes efficientes, nous ne nous occupons réelle-

---

(1) *Siris*, §§. 252, etc.

ment qu'à généraliser des effets; et quand nous avançons de découvertes en découvertes, nous ne faisons que résoudre nos premières conclusions dans d'autres encore plus vastes. C'est ainsi que Galilée et Torricelli procédèrent en prouvant que tous les corps terrestres gravitent vers la terre; et que si quelques-uns semblent affranchis de cette loi, la cause en est tout entiere dans la pesanteur plus forte de l'atmosphère. Par cette conclusion importante, ils ne firent que généraliser la loi de la pesanteur, en y ramenant un certain nombre d'exceptions apparentes; mais ils ne jetèrent pas la moindre lumière sur la puissance mystérieuse qui donne naissance à tous ces phénomènes. De même encore, lorsque Newton montra que cette même loi s'étend aussi aux espaces célestes, et que la puissance qui retient la lune et les planètes dans leurs orbites, est précisément semblable dans ses effets à celle qui se manifeste dans la chûte d'une pierre, il laissa la cause efficiente de la pesanteur dans des ténèbres aussi épaisses que jamais, il ne fit que généraliser encore davantage les conclusions de ses prédécesseurs.

Ce que nous venons de dire prouve assez évidemment que le dernier objet des recherches du philosophe est précisément celui qu'a en vue tout homme d'un jugement droit, quoique sans culture, lorsqu'il remarque les événemens qui se passent sous ses yeux, afin d'en tirer des règles pour sa conduite à l'avenir. Plus nous avançons dans cette connoissance, mieux nous pouvons accommoder notre conduite au cours établi des choses, et plus il nous est facile de nous aider d'agens naturels, comme d'instrumens, pour l'accomplissement de nos desseins. C'est donc avec raison que Bacon répète si souvent : Tout ce que l'homme ajoute à ses connoissances, il l'ajoute aussi à sa puissance, et il aggrandit les limites de son empire sur le monde qu'il habite.

La science du philosophe diffère de l'instruction que donne l'expérience commune, non pas en nature, mais seulement en degré. Les connoissances ordinaires se bornent en général aux faits qui se présentent d'eux-mêmes aux yeux; et l'ordre de la nature est si admirablement adapté à nos besoins et à nos nécessités, que, tandis que les lois qui sont pour nous de l'intérêt le plus puissant se gravent dans notre esprit dès notre plus tendre enfance, les autres se dérobent plus ou moins à l'examen immédiat de nos sens, pour exciter la curiosité, et offrir à l'activité de l'esprit une digne récompense.

Pour acquérir la connoissance de ces faits plus cachés, on doit employer l'*observation* et les *expériences*, et l'emploi de ces moyens est un des caractères qui distinguent le plus les études du philosophe de l'expérience de la multitude. On voit assez combien ils doivent ajouter à la somme de ses connoissances. L'habitude d'une attention scientifique augmente son exactitude comme observateur, et donne à son jugement une précision bien différente du vague de la perception ordinaire. Par la combinaison de ses propres observations avec celles des autres, il arrive à une foule de conclusions dont ne se doutent pas ceux que les distractions de la vie commune empêchent de s'abandonner à une curiosité spéculative, en même temps que les expériences auxquelles il se livre lui permettent de placer la nature dans des situations où elle ne se présente jamais d'elle-même à nos yeux, et de pénétrer ces secrets qu'un voile épais dérobe aux autres.

Mais les observations et les expériences du philosophe ne sont ordinairement qu'un premier pas vers un but plus éloigné. Ce but est, d'abord de ramener les faits particuliers à d'autres faits plus simples et d'une plus vaste compréhension, ensuite, d'appliquer ces faits généraux, ou, comme on dit, ces lois de la nature, à une explication synthétique des phénomènes particuliers. Ces deux procédés de l'esprit, unis à l'emploi judicieux de l'observation et des expériences qu'ils présupposent, remplissent toutes les conditions des recherches philosophiques, et le grand objet de la méthode est de démontrer de quelle manière ces instrumens doivent être mis en usage.

I. Pour donner une idée plus nette et plus complète de cette doctrine fondamentale, il faut nécessairement revenir sur ce que nous avons déjà dit de notre ignorance des causes efficientes. Comme nous ne pouvons, en aucun cas, apercevoir la chaîne qui unit deux événemens successifs, de manière à déduire l'un de l'autre comme conséquence ou effet par un raisonnement *a priori*, il s'en suit que lorsque nous voyons se produire un événement qui a été précédé par une combinaison de circonstances différentes, il est impossible à la pénétration humaine de décider si cet effet est lié avec toutes les circonstances, ou seulement avec une partie d'elles; et dans la dernière supposition, quelle est la circonstance essentielle au résultat, et quelles sont celles qui ne sont que des accessoires tout-à-fait accidentels.

Le seul moyen, dans un tel cas, d'arriver à la vérité, est de répéter plusieurs fois l'expérience, en laissant successivement de côté toutes les différentes circonstances, et en remarquant laquelle de ces combinaisons particulières produit l'effet cherché. S'il n'est pas possible de faire cette séparation, et que cependant nous désirions obtenir le même résultat, la seule méthode pour assurer le succès est de combiner ensemble toutes les diverses circonstances qui se trouvoient réunies dans nos premières épreuves. C'est par ce principe que j'ai tâché d'expliquer les pratiques superstitieuses qui accompagnent toujours la médecine chez les nations sauvages. On les attribue communément à l'influence de l'imagination, et à la foiblesse de la raison dans les commencemens de la société. Mais la vérité est que ce sont des conséquences nécessaires et inévitables d'une expérience bornée, et qui disparoîtront, moins devant la force des raisonnemens que devant une connoissance plus étendue de l'ordre établi dans la nature.

Et ce que je dis ici de la médecine s'applique également à toutes les autres branches de la philosophie. Lorsqu'un *changement* intéressant est précédé par une combinaison de circonstances différentes, il est important de varier les expériences de manière à distinguer ce qui est essentiel de ce qui est accessoire, et lorsque nous aurons poussé la décomposition aussi loin que possible, nous sommes autorisés à considérer la plus simple de ces combinaisons des conditions indispensables, comme la *cause physique* de l'événement.

Lorsqu'en comparant ainsi un certain nombre de cas, où quelques circonstances restent les mêmes, tandis que les autres varient, ces diverses épreuves ont donné le même résultat, alors le philosophe rattache l'événement à sa cause physique, et l'on dit qu'il procède suivant la méthode d'induction. Telle me paroît être du moins l'idée qu'en général Bacon lui-même attache à ce mot (1), quoique je ne me hasarde point à affirmer qu'il l'ait toujours employé avec une précision uniforme. Je reconnois aussi que les écrivains les plus corrects s'en servent souvent pour marquer l'ensemble de ce système de règles dont le procédé que nous venons d'exposer forme la partie essentielle et caractéristique.

Ce même mot *induction* est employé par les mathématiciens dans un sens à peu près semblable. Ainsi, par exemple, dans cette formule générale connue sous le nom de théorème du Binôme, dès qu'on a trouvé qu'elle correspond à la table des puissances tirées de la racine binomiale, aussi loin que l'opération peut être poussée par la multiplication actuelle, on conclut alors sans scrupule qu'il embrasse tous les cas possibles.

---

(1) *Inductio, quæ ad inventionem et demonstrationem scientiarum et artium erit utilis, naturam separare debet, per rejectiones et exclusiones debitas, etc.* Nov. Org. Lib. 1. Aph. CV.

Une preuve pareille d'un théorème mathématique est nommée preuve par *induction*; manière de parler évidemment suggérée par l'application de ce terme à nos raisonnemens sur les lois de la nature. Cependant, malgré l'évidente analogie des deux cas, il y a une circonstance bien essentielle qui les sépare : c'est que dans l'induction mathématique, si le procédé de la pensée qui nous conduit à notre conclusion ne peut pas se rapporter aux règles d'une démonstration légitime, il contient néanmoins, comme je le montrerai plus tard, une conclusion vraiment logique de l'esprit par rapport à une vérité ou à un théorème universel. Au contraire, lorsque dans la physique nous tirons une conclusion générale de faits particuliers, nous ne sommes vraiment guidés que par une attente instinctive de la continuation des lois de la nature, attente qui, n'impliquant tout au plus qu'un bien foible exercice du raisonnement, se retrouve également dans le philosophe et dans le sauvage.

Cette croyance dans l'uniformité permanente des lois physiques a reçu du docteur Reid le nom de principe inductif.

« C'est par la force de ce principe, dit-il, « que nous donnons immédiatement notre « assentiment à cet axiome sur lequel est « fondée toute notre connoissance de la « nature : que des effets pareils doivent « avoir des causes semblables. En effet, « par ces mots d'effets et de causes dans les « opérations de la nature, nous n'enten- « dons vraiment que des signes, et les « choses désignées par ces signes. Nous ne « voyons jamais la causalité ou la force ef- « ficace dans aucune cause naturelle ; nous « n'apercevons qu'une liaison établie en- « tre elle et ce qu'on appelle ses effets, par « le cours de la nature (1). »

II. Il est une autre circonstance qui ajoute souvent à la difficulté de découvrir les lois de la nature, et qui impose au philosophe, dans ses procédés d'induction, la nécessité de suivre une logique encore plus subtile que celle dont nous avons parlé jusqu'ici. Lorsqu'on observe une constante uniformité dans un certain nombre d'événemens, la curiosité est éveillée par cette

---

(1) Recherches sur l'Esprit humain. Chap. VI, Sect. 24.

coincidence, et quelquefois on se trouve insensiblement conduit à une conclusion générale. Dans quelques autres cas, au contraire, certains événemens paroissent aux observateurs ordinaires de véritables anomalies; et un examen plus long et plus exact montre qu'ils sont soumis à une loi régulière. Les cycles par lesquels les anciens prédisoient les éclipses de soleil et de lune, les deux lois déduites par Képler des observations de Tycho Brahé, sont autant d'exemples de règles aussi vastes qu'importantes obtenues par le simple examen et la comparaison de cas particuliers. Disons toutefois que de telles découvertes purement empiriques sont presque entièrement réservées à l'optique ou à l'astronomie, dans lesquelles les lois physiques qui se combinent ensemble, sont en assez petit nombre, et sont dérobées à l'influence de ces accidens incalculables qui en général viennent troubler la régularité des phénomènes terrestres. La plupart du temps, les phénomènes que nous offre la nature sont produits par des lois très-diverses, et souvent toutes combinées ensemble pour produire un seul événement. Et partout où a lieu une telle combinaison, quoique chaque loi puisse se manifester avec l'uniformité la plus complète, il est vraisemblable que le simple observateur ne verra là que désordre et confusion. Une collection de résultats semblables ne nous avanceroit donc point d'un seul pas dans la connoissance de la nature, et ne nous rendroit nullement capables de prévoir l'issue d'une seule expérience nouvelle. En pareil cas, avant de nous aider de notre expérience passée, nous devons employer le raisonnement à comparer ensemble divers exemples, pour découvrir, par une sorte d'*analyse* ou de décomposition, les diverses lois qui se trouvent réunies dans le phénomène que nous considérons; après quoi nous pouvons procéder en toute sureté, et déterminer *à priori*, quel sera le résultat de toute combinaison hypothétique de ces lois, ou totale ou partielle.

Ces observations nous ont conduits à la conclusion qui forme le trait le plus marqué de la méthode philosophique proposée par Bacon, et dont Newton a donné de si heureuses applications dans ses recherches sur la gravitation et sur les propriétés de la lumière. De plus, en même temps qu'elles marquent le domaine respectif et l'usage propre des deux méthodes, l'analyse et la synthèse, elles font ressortir la justesse étymologique des noms par lesquels l'école de Newton les distingue l'une de l'autre. En effet, la signification des mots analyse et synthèse, lorsqu'on les applique aux deux modes opposés de recherches dans la physique, est extrêmement analogue à leur usage dans la chimie expérimentale. La plus grande différence qu'on y découvre, c'est que dans le premier cas, elles se rapportent au procédé logique de l'esprit dans l'étude des lois physiques; et dans le second, elles désignent les procédés pratiques du laboratoire, dans l'examen des subtances matérielles.

Si les remarques précédentes sont fondées, elles contiennent la réfutation d'une erreur de M. Smith, dont l'effet est d'effacer presque entièrement la distinction que j'ai tâché d'établir entre la logique inductive des disciples de Bacon, et les théories hypothétiques de leurs prédécesseurs. « La « philosophie, dit M. Smith, est la science « des principes de la nature dans leur liai- « son mutuelle; la nature, même après la

« plus vaste expérience que puisse nous « donner l'observation ordinaire, semble « fertile en événemens qui paroissent isolés « et sans aucune liaison avec tous ceux qui « les ont précédés. Ces irrégularités trou- « blent et arrêtent l'imagination dans son « développement; elles font que ses idées se « succèdent les unes aux autres, pour « ainsi dire par bonds et par saillies, et ten- « dent ainsi à introduire dans l'esprit la « confusion, la distraction et les vertiges. « La philosophie, en montrant les liens in- « visibles qui attachent ensemble tous ces « objets désunis; cherche à introduire l'or- « dre dans ce chaos, à appaiser ce tumulte « de l'imagination, et à la ramener, lors- « qu'elle contemple les grandes révolutions « de l'univers, à cet état de calme et de « tranquillité, à la fois si agréable en lui- « même et si convenable à sa nature. La « philosophie peut donc être regardée « comme un de ces arts qui s'adresent à « l'imagination en mettant plus d'harmonie « entre toutes les parties du théâtre de la « nature, et prêtent ainsi au spectacle plus « de magnificence qu'il n'eût paru en « avoir. »

Sans doute c'est là un des objets de la philosophie et l'un des avantages qu'elle procure; mais assurément ce n'est point le premier objet de ce cette méthode de recherche inductive recommandée par Bacon, et si habilement suivie par Newton. Je sais qu'on peut dire de tous les systèmes philosophiques, hypothétiques ou légitimes, qu'ils charment jusqu'à un certain point l'imagination et secourent la mémoire en introduisant l'ordre et l'harmonie parmi des faits qui sembloient auparavant isolés et étrangers entre eux. Mais le privilège particulier et exclusif d'un système créé par la méthode d'induction, c'est qu'en même temps qu'il nous rend capables d'ordonner les faits déjà connus, il nous fournit les moyens d'atteindre, par un raisonnement synthétique, ceux qui se refusent à l'examen d'une observation directe. Ajoutons que la différence qui existe entre les diverses théories hypothétiques, est purement une différence de degré qui vient du plus ou moins de génie de leurs auteurs. Les théories légitimes au contraire se distinguent de toutes les autres radicalement et essentiellement, et tandis que les premières sont exposées à de perpétuels changemens, les dernières sont aussi immuables que les lois qui règlent l'ordre de l'univers.

Ainsi la théorie de la gravitation par Newton ne peut à aucun égard admettre de comparaison avec les systèmes qui doivent la moindre chose à l'imagination. Le principe dont il se sert pour expliquer les phénomènes, n'est pas une hypothèse, mais un fait général établi par l'induction, et qui nous frappe de la même évidence que les différens cas particuliers qu'il comprend dans son sein. Les doctrines que renferme ce système peuvent être sans doute exposées sous des formes différentes et peut-être aussi plus irréprochables; mais leur substance restera à jamais la même, tant que l'univers ne passera pas sous l'empire de nouvelles lois physiques. Quant aux chaînes dont se sert la nature pour lier ensemble ses opérations diverses, Newton n'a pas jeté sur ce point le moindre jour, et ce n'étoit point non plus le but de ses recherches. Les objets de ses raisonnemens n'étoient non pas des liaisons occultes, mais des phénomènes particuliers et des lois générales, qui possédassent également toute l'évidence qui peut appartenir à des *faits* constatés par l'observation et les expériences. C'est de l'une ou de l'autre de ces deux classes que sont déduites toutes ses conséquences analytiques ou synthétiques. Et il n'y a pas une seule hypothèse renfermée dans ses données, excepté l'autorité de cette loi de croyance tacitement et nécessairement reconnue dans toutes nos conclusions sur les sciences naturelles, la stabilité de l'ordre de la nature.

SECTION II.

Suite du même sujet. L'Induction d'Aristote comparée à celle de Bacon.

J'ai dessein d'offrir dans cette section quelques remarques assez courtes sur une assertion, hasardée dans ces derniers temps : que la méthode de recherches si fort vantée par les admirateurs de Bacon n'étoit pas inconnue à Aristote. Cette opinion est établie avec une grande assurance dans le passage suivant d'un mémoire sur les recherches asiatiques : « Quelques-uns des extraits contenus dans ce mémoire, montreront évidemment : 1.° que la méthode de raisonnement par *induction* développée et enrichie par le grand Bacon dans son *novum organum*, et que l'on considère généralement comme la cause des rapides progrès de la science dans ces derniers temps, étoit *parfaitement connue* d'Aristote, qu'il en traça une esquisse fort nette, et la proclama comme une méthode de recherche qui conduit à la certitude ou à la vérité; 2.° qu'Aristote avoit une parfaite connoissance, non pas seulement de la forme de l'induction, mais aussi des matériaux qu'elle doit mettre en œuvre, qui sont les faits et les expériences. Nous sommes donc amenés à conclure que tous ces reproches d'avoir arrêté si long-temps l'esprit humain dans les chaînes, au moyen du syllogisme, ne peuvent justement s'adresser à Aristote, non plus que le mérite de l'en avoir dégagé et affranchi ne doit être attribué tout entier à Bacon.

L'auteur de l'Histoire de l'Astronomie remarque en plusieurs occasions, que pour juger des idées philosophiques reçues à une époque particulière, il seroit nécessaire de posséder le dictionnaire de cet âge, qui montrât les différentes nuances que les termes avoient reçu de la mode ou de la tradition. »

Cette observation s'applique avec beaucoup de force à l'induction d'Aristote, comparée à l'induction de Bacon. Les efforts que l'on fait pour identifier ces deux méthodes ne sont pas moins extravagans que si l'on vouloit confondre les Graces du Christianisme avec les Graces de la Mythologie païenne.

Les passages dans lesquels Bacon s'est occupé à prévenir la possibilité d'une telle méprise sont si nombreux, que l'on s'étonne qu'une personne qui a jamais feuilleté le Novum Organum, ait été assez malheureuse pour n'en avoir pas au moins rencontré un. Les deux suivans suffiront pour ce que je me propose à cette heure :

« In constituendo autem axiomate, forma » inductionis alia quam adhuc in usu fuit, » excogitanda est. Inductio enim quæ pro- » cedit per *enumerationem simplicem* res » puerilis est, et precario concludit. At *In-* » *ductio* quæ ad inventionem et demons-

» trationem scientiarum et artium erit utilis, » naturam separare debet per rejectiones » et exclusiones debitas; ac deinde post ne- » gativas tot quot sufficuint, super affirma- » tivas concludere, quod ad huc factum » non est, nec tentatum certe, nisi tantum » modo a Platone, qui ad excutiendas de- » finitiones et ideas, hac certe forma induc- » tionis aliquatenus utitur. Verum ad hujus » inductionis, sive demonstrationis instruc- » tionem bonam et legitimam, quam plu- » rima adhibenda sunt, quæ adhuc nullius » mortalium cogitationem subiere, adeò ut » in ea major sit consumenda opera, quam » adhuc consumpta est in syllogismo. Atque » *in hac certe inductione* spes maxima sita » est (1) — Cogitavit et illud. — Restare *In-* » *ductionem* tanquam ultimum et unicum » rebus subsidium et perfugium. Verum » et hujus nomen tantum modō notum » esse : *vim et usum* homines hactenus la- » tuisse (2). »

Mais afin que l'on ne puisse pas m'ac-cuser de n'avoir d'autre fondement de mon

(1) *Novum Organum.* Lib. I. Aph. CV.

(2) *Cogitata et visa.*

opinion sur cette découverte de Bacon que les écrits de Bacon lui-même, il est à propos de considérer plus en détail quelle sorte d'induction Aristote avoit réellement en vue, et à quels égards elle coincidoit avec celle que Bacon a depuis appelé du même nom.

« Notre croyance, dit quelque part Aristote, est fondée, dans chaque cas, ou sur un syllogisme ou sur une induction. Et il ajoute à cette observation dans le cours du même chapitre, que l'induction est une conséquence tirée de *tous* les cas particuliers qu'elle renferme. Il est manifeste qu'en cette occasion, Aristote parle de cette induction que Bacon, dans un des extraits cités ci-dessus, décrit comme procédant par simple énumération, et qu'en conséquence il déclare un emploi puéril de l'esprit, qui ne conduit qu'à des conclusions incertaines. Pour confirmer encore la remarque de Bacon, il suffit de citer un seul exemple, que j'emprunterai à l'une des plus hautes puissances logiques, le D.r Wallis. « Dans » une conclusion due à l'Induction, si l'é- » numération est complète, l'évidence sera » égale à celle d'un syllogisme parfait ;

» comme par exemple, si quelqu'un prouve » que toutes les planètes (le Soleil excepté) » tirent leur lumière du Soleil, en le prou- » vant d'abord séparément de Saturne, de » Jupiter, de Mars, de Vénus, de Mercure, » et de la Lune. C'est en effet un syllo- » gisme en *Darapti*, dont voici la forme :

Saturne, Jupiter, Mars, Vénus, Mercure et la Lune, empruntent chacun leur lumière du Soleil;

Or, cette énumération comprend toutes les planètes, le Soleil excepté :

Donc toutes les planètes (le Soleil excepté), empruntent leur lumière du Soleil. »

Si le but du D.r Wallis avoit été de montrer la puérilité et le peu de certitude d'un tel argument, il ne lui auroit pas été possible de choisir un exemple plus heureux. L'*Induction* d'Aristote, lorsqu'on la considère sous ce jour, est vraiment une digne compagne de son syllogisme, à jamais incapable de nous faire avancer d'un seul pas dans l'acquisition d'une connoissance nouvelle. Combien est différente l'Induction de Bacon, qui, au lieu de faire tourner l'esprit humain dans un même cercle de mots, le conduit du *passé* au *futur*, du *connu* à *l'inconnu*.

Dans le cas où l'énumération est imparfaite, le Dr Wallis observe : « que notre » conclusion ne peut nous donner qu'une » probabilité ou une conjecture, et qu'elle » est toujours exposée à se voir détruite » par un exemple du contraire. Il observe » en outre, que cette sorte de raisonne» ment est le principal instrument de re» cherche dans cette science que l'on » nomme aujourd'hui *Philosophie expéri*» *mentale*, qui nous conduit par l'obser» vation et l'examen des cas particuliers à » la connoissance des vérités universelles. »

Ce langage est clair et exact, mais on ne doit pas oublier que c'est celui d'un écrivain élevé à l'école de Bacon et de Newton. Cependant l'induction qu'il décrit ici est encore bien loin de cette méthode philosophique exposée dans le *Novum Organum*. Elle coincide exactement avec ces conséquences empiriques déduites de la simple expérience, et sur lesquelles Bacon témoigne compter si peu pour l'avancement de la science. « Restat experientia mera ;

» quæ si occurrat, casus, si quæsita sit,
» experimentum nominatur. Hoc autem ex-
» perientiæ genus nihil aliud est, quàm
» mera palpatio, quali homines noctu utun-
» tur, omnia pertentando, si fortè in rec-
» tam viam incidere detur; quibus multò
» satius et consultius foret, diem præstolari
» aut lumen accendere, deinceps viam ini-
» re. At contrà, verus experientiæ ordo
» primo lumen accendit, deiende per lu-
» men iter demonstrat, incipiendo ab ex-
» perientia ordinata et digesta, et minime
» præpostera aut erratica, atque ex ea edu-
» cendo axiomata, atque ex axiomatibus
» constitutis rursùs experimenta nova,
» quum nec verbum divinum in rerum
» massam absque ordine operatum sit (1).

C'est une erreur assez commune dans la langue logique de notre temps, de confondre les mots *Expérience* et *Induction*, comme termes tout-à-fait semblables. Sans doute, il y a entre eux une étroite affinité, puisque c'est sur l'expérience seule que toute induction peut légitimement s'élever. Ainsi, le procédé de l'Induction présup-

---

(1) *Novum Organ. Aph.* L. XXXII.

pose celui de l'Expérience; mais, dans les vues de Bacon, le procédé de l'Expérience n'implique aucune idée de l'Induction. Il répète souvent, au sujet de cette méthode, qu'elle procède *per rejectiones et exclusiones*, c'est-à-dire, dans le langage des disciples de Newton, par voie d'*Analyse*, pour séparer et décomposer la nature, de manière à arriver à ces axiomes ou lois générales, dont nous pouvons ensuite déduire (par voie de synthèse), les autres cas particuliers qui nous étoient auparavant inconnus, et placés peut-être hors de l'atteinte de notre observation directe.

Mais j'en ai dit assez pour mettre mes lecteurs à même de juger combien est exacte cette assertion, que l'Induction de Bacon étoit bien connue d'Aristote. Il est temps de continuer les développemens de mon ouvrage.

SECTION III.

De la valeur des mots Analyse et Synthèse, dans le langage de la philosophie moderne.

Comme les mots d'Analyse et de Synthèse sont devenus aujourd'hui d'un usage constant et nécessaire dans toutes les branches de nos connoissances, et que plusieurs nous portent à soupçonner qu'on les emploie souvent sans faire attention aux modifications qu'apporte nécessairement à leur valeur cette variété d'applications, il ne sera pas inutile, avant d'aller plus loin, d'éclaircir par un petit nombre d'exemples, leur véritable sens logique dans ces branches de la science auxquelles j'ai si souvent recours dans la suite de ces recherches. Je commence par quelques remarques sur leur signification première dans la science d'où ils ont été transportés par les modernes dans la physique, dans la chimie et dans la philosophie de l'esprit humain.

I.

Observations préliminaires sur l'analyse et la synthèse des géomètres grecs.

Il paroît, d'après ce qui nous reste des

intéressans écrits d'un auteur ancien, que les géomètres grecs se servoient de deux sortes d'analyse différentes pour aider ou guider notre faculté d'invention; l'une appliquée à la solution des problèmes, l'autre à la démonstration des théorèmes. Je considérerai d'abord dans les recherches qui vont suivre, la nature et l'usage de l'analyse appliquée à la démonstration des théorèmes.

Pour me faire comprendre de ceux qui ne connoissent que la forme de raisonnement usitée par Euclide, il est nécessaire de leur rappeler que l'énonciation de toute proposition mathématique consiste en deux parties. D'abord, certaines suppositions sont établies; ensuite une certaine conséquence est affirmée comme résultat de ces suppositions. Dans toutes les démonstrations que présentent les élémens d'Euclide (excepté un petit nombre de démonstrations indirectes), les cas particuliers compris dans la partie hypothétique de l'énonciation sont invoqués comme les principes de notre raisonnement, et de ces principes se déduit, anneau par anneau, une chaîne de conséquences, jusqu'à ce qu'enfin nous arrivions à la conclusion que l'énonciation de la proposition affirmoit comme une vérité. Une pareille démonstration est nommée démonstration synthétique.

Supposons maintenant que j'ordonne mon raisonnement en sens inverse ; que je reconnoisse hypothétiquement la vérité de la proposition que je veux démontrer, et que je m'occupe à déduire de cette donnée, comme d'un principe, les différentes conséquences qui en découlent. Si dans cette déduction j'arrive à une conséquence que je connoisse déjà pour vraie, je conclus avec confiance que le principe dont elle se déduit est également vrai. Si, au contraire, j'arrive à une conséquence que je sache être fausse, je conclus que le principe ou la donnée dont est parti mon raisonnement est également faux. Une telle démonstration de la vérité ou de la fausseté d'une proposition, s'appelle une démonstration analytique.

D'après ces définitions de l'analyse et de la synthèse, les démonstrations d'Euclide qui prouvent la vérité d'une proposition, en démontrant que la supposition contraire conduit à quelque conséquence absurde, sont, à proprement parler, des procédés analytiques de raisonnement. Dans l'un comme dans l'autre cas, la justesse de la conclusion par la preuve analytique repose sur cette maxime générale, que la vérité est toujours d'accord avec elle-même; qu'une supposition qui conduit par un enchaînement de déductions mathématiques à une conséquence qui est vraie, doit être vraie elle-même, et que celle qui contient nécessairement une conséquence absurde ou impossible, ne peut elle-même qu'être fausse.

Il est évident que lorsque nous démontrons une proposition avec le dessein de convaincre une autre personne de sa vérité, la forme synthétique est la plus naturelle et la plus agréable, puisqu'elle conduit directement l'esprit des vérités connues à d'autres vérités inconnues. Mais lorsqu'une proposition est douteuse, et que nous désirons nous en convaincre nous-mêmes, ou lorsque nous désirons découvrir une méthode nouvelle pour démontrer un théorème dont nous avons préalablement constaté la vérité, on trouvera qu'il est beaucoup plus convenable de s'aider de l'analyse. La justesse de cette remarque est universellement reconnue par tous ceux qui se sont exercés dans les recherches mathématiques, et elle frappe quiconque aura la curiosité d'en faire l'épreuve. Cependant il n'est pas très-facile de déterminer le principe d'où dépend cette différence remarquable entre deux procédés opposés de l'intelligence. Les idées que je vais offrir au lecteur sur ce sujet me semblent porter sur la circonstance la plus essentielle; mais il m'est aussi évident qu'elles ne fournissent en aucune manière une solution complète de la difficulté.

Supposons, ou que l'on demande une démonstration nouvelle d'un théorème connu, ou que l'on propose à notre examen un théorème nouveau et douteux. De quelle manière aborder cette tâche, pour découvrir les moyennes nécessaires à la preuve? Si je considère la partie hypothétique de l'énonciation, il est probable qu'une grande variété de conséquences diverses peut immédiatement s'en déduire, conséquences dont chacune entraînera après elle une suite de conséquences nouvelles. En même temps, il est possible qu'une ou deux seulement de ces différentes séries de raisonnement puisse me conduire vers la vérité que je désire démontrer. Quelle règle me guidera dans le choix de la ligne de déduction que je dois suivre ici? Le seul expédient qui semble s'offrir, c'est d'essayer au hasard, de prendre successivement toutes les diverses conséquences les plus proches, comme les premiers anneaux de la chaîne, et de suivre la déduction de chacune d'elles, jusqu'à ce qu'enfin je me trouve conduit à la vérité que je cherchois à atteindre. Dans cette supposition, je chercherai en tâtonnant ma route dans les ténèbres, sans règle et sans méthode; l'objet que je cherche, peut, après tout ce travail, se dérober encore à mes poursuites; et quand même je serois assez heureux pour l'atteindre, mon succès ne me fournit aucune lumière pour me guider à l'avenir dans une occasion pareille.

Supposons maintenant que je renverse cet ordre, et que je procède analytiquement dans mes recherches, accordant dès l'abord la vérité de la proposition, et cherchant à déduire de cette supposition une vérité déjà connue, comme sa conséquence nécessaire. Ici, j'ai un point fixe dont je pars, ou en d'autres termes, un principe ou une donnée dont doivent être déduites toutes mes conséquences; et il est parfaitement indifférent que ma déduction aille aboutir à telle ou telle conclusion particulière, pourvu que cette conclusion soit préalablement reconnue comme vraie. Ainsi, au lieu d'être limité, comme dans le premier cas, à *une conclusion exclusivement*, et de ne savoir où commencer mes recherches, je n'ai qu'une seule supposition, d'où je dois nécessairement partir, et la route que je suis peut aboutir avec une égale utilité pour moi à une foule de conclusions différentes.

Un exemple palpable et familier expliquera, du moins dans quelques-uns des points les plus importans, le rapport dans lequel ces deux méthodes que je viens de décrire sont l'une à l'égard de l'autre. Je le prends dans cette opération qui consiste à dénouer un nœud difficile, de manière à découvrir exactement comment il a été formé. Cet exemple me paroît d'autant meilleur que je ne doute pas que ce soit cette même analogie qui fournit aux géomètres grecs les expressions métaphoriques d'*analyse* et de *so-*

lution, qu'ils ont transmis à la langue philosophique des temps modernes.

Supposez qu'on mette entre mes mains un nœud très-habilement formé, et qu'on me demande de chercher une règle qui puisse mettre les autres et moi-même en état de former des nœuds pareils. Si je voulois procéder dans cette recherche suivant l'esprit de la synthèse géométrique, j'aurois à essayer l'un après l'autre tous les moyens divers que pourroit enfanter mon imagination, jusqu'à ce qu'enfin j'arrivasse à imaginer ce nœud particulier que je désirois former. Cependant, un tel procédé seroit si complètement livré au hasard, et le succès en seroit après tout si extrêmement douteux, que le sens commun ne manqueroit pas de me suggérer immédiatement l'idée de suivre le nœud à travers ses diverses complications, en dénouant avec précaution chaque nœud successif de la corde dans un ordre rétrograde, depuis le dernier jusqu'au premier. Si, après être parvenu à ce premier, je reformois une seconde fois toutes les premières complications par une répétition inverse du travail que j'avois exécuté en les dénouant, j'aurois obtenu une règle infaillible pour la solution du problème proposé; et en même temps j'aurois probablement acquis dans la pratique de la *méthode générale* une certaine dextérité qui m'encourageroit à me livrer à l'avenir à des tâches de même nature, mais encore plus difficiles. Sans doute ce parallèle entre cet expédient que fourniroit nécessairement la raison, et la subtilité logique de l'analyse grecque, est fautif dans quelques détails, mais dans les deux cas on part du même principe fondamental, et c'en est assez pour qu'il soit permis de transporter les mêmes expressions de l'un à l'autre. Que cet échange ait eu lieu dans l'exemple dont nous parlons, c'est ce dont le sens littéral et primitif des mots ανα et λυσις nous donne une évidence présomptive aussi forte qu'en donna jamais aucune recherche étymologique.'

Si l'on applique la méthode d'analyse aux problèmes géométriques, on commence ses recherches en supposant que le problème est résolu, après quoi l'on déduit de cette supposition une chaîne de conséquences, jusqu'à ce qu'on arrive à une conclusion qui se résolve dans un autre problème dont on sache déjà la solution possible, ou qui renferme une opération reconnue pour impossible. Dans le premier cas, tout ce qui reste à faire, c'est de s'emparer de la construction du problème où vient aboutir l'analyse, et alors de revenir sur ses pas, et de démontrer synthétiquement que cette construction remplit toutes les conditions du problème en question. Si l'on s'aperçoit, dans le cours de l'opération, que le problème, possible dans certains cas, ne l'est pas dans certains autres, alors le soin de spécifier ces différens cas devient indispensable pour arriver à une solution complète.

L'utilité de l'analyse des anciens pour une solution plus facile des problèmes, est encore plus évidente que pour une plus facile démonstration des théorèmes; aussi est-il très-probable que cette méthode fut appliquée aux premiers par les mathématiciens à une époque plus reculée. La marche par laquelle elle s'avance à la recherche de la chose demandée, est fidèlement imitée de cette logique naturelle à laquelle auroit recours, dans une occasion semblable, la sagacité d'un bon esprit. Ce n'est en effet qu'une application scientifique de certaines règles de méthode enseignées par les recherches heureuses d'hommes qui n'avoient eu d'autre guide que la lumière du sens commun. La même observation peut s'appliquer aux procédés analytiques de l'art algébrique.

II.

Remarques critiques sur l'emploi vague des mots Analyse et Synthèse chez les écrivains modernes.

Les observations précédentes sur l'analyse et la synthèse des géomètres grecs pourront paroître assez déplacées dans des recherches sur les principes et les règles de la logique inductive. Cependant comme c'est aux siences mathématiques que les disciples de Newton*, de leur aveu même, ont emprunté ces mots, j'ai cru que quelques éclaircissemens sur leur valeur première et technique devoient précéder les critiques que je veux placer ici sur les applications vagues et souvent si diverses que l'on en fait dans le langage logique de notre temps.

Newton lui-même s'est occupé à mettre en parallèle l'analyse mathématique, comme si le même mot dans les deux cas étoit l'expression de la même idée. « *Dans les* « *sciences naturelles, la recherche des cho-* « *ses difficiles par la méthode de l'analyse* « *doit toujours précéder, comme dans les* « *mathématiques, la méthode de compo-* « *sition.* Cette analyse consiste à faire des « expériences et des observations, à en ti- « rer des conclusions par l'induction, et à « n'admettre contre ces conclusions d'autres « objections que celles qui sont tirées à leur « tour d'expériences contraires, ou d'autres « vérités certaines. Car les hypothèses ne « doivent pas trouver le moindre égard dans « la philosophie expérimentale. Par cette « voie d'analyse, nous pouvons aller des com- « posés aux composans, des mouvemens aux « forces qui les produisent, et en général des « effets à leurs causes, et des causes par- « ticulières à quelques autres plus géné- « rales, jusqu'à ce qu'enfin nous arrivions « aux plus générales. C'est là la méthode « d'analyse. La synthèse consiste à partir « des causes découvertes et établies comme « principes, pour expliquer par elles les phé- « nomènes qui en naissent, et prouver ses « explications. » Un des plus illustres disciples de Newton, après avoir sanctionné les paroles de son maître en les transcrivant, les développe encore, et les fortifie de ses observations. « En s'y prenant autre- « ment, dit-il, on ne seroit jamais sûr que « les principes d'où l'on part existent réel- « lement dans la nature, et après de longs « travaux, il pourroit se trouver que le « système élevé à si grands frais ne fût « que chimère et illusion. » Il semble que cette raison même donnée ici par l'auteur auroit dû le convaincre que le parallèle entre les deux sortes d'analyse n'est pas strictement correct, puisqu'il faudroit qu'elle s'appliquât à l'une des sciences aussi bien qu'à l'autre, tandis qu'il est évident qu'elle s'applique exclusivement aux recherches de la philosophie de la nature.

Après tout ce que j'ai déjà dit de l'analyse géométrique, et aussi de l'analyse physique, il est presque superflu de remarquer qu'il n'y a peut-être pas entre elles un seul trait de ressemblance, excepté celui-ci : qu'elles sont toutes deux des méthodes de recherche et de découverte, et que toutes deux se trouvent porter le même nom. J'avoue que ce nom, d'après sa valeur littérale ou étymologique, est également propre à exprimer les idées qu'il représente dans les deux cas. Mais malgré cette coïncidence accidentelle, la grande et essentielle différence qui existe entre les sujets auxquels s'appliquent ces deux sortes d'analyses, montre évidemment qu'il n'y a dans les règles de l'une aucune analogie qui puisse servir à expliquer celles qui conviennent à l'autre.

Mais ce n'est pas tout, le sens du mot analyse dans la chimie, dans la physique et dans la philosophie de l'esprit humain est entièrement différent de celui qu'y avoient attaché les géomètres grecs, et qu'y a attaché depuis une classe de mathématiciens modernes. Dans ces diverses sciences, il fait naître naturellement l'idée d'une décomposition de ce qui est complexe dans ses élémens constituans. Dans la géométrie grecque, le même mot s'applique surtout à la méthode *rétrograde*, en opposition avec l'ordre naturel d'une *démonstration didactique*. Την τοιαυτην εφοδον, dit Pappus, αναλυσιν καλουμεν, οιον αναπαλιν λυσιν, passage que Halley traduit ainsi : *hic processus analysis vocatur*, *quasi dicas*, *inversa solutio*. Le sens primitif et naturel de la préposition ανα s'acorde si bien avec celui qu'on lui attribue dans ce passage, qu'il fait ressortir encore mieux toute la justesse d'une telle opinion.

Pour appuyer encore d'une nouvelle preuve ce que j'ai déjà dit du double sens des mots *analyse* et *synthèse*, selon qu'on les emploie dans les sciences naturelles ou dans les mathématiques, il ne sera point inutile d'ajouter ici quelques considérations. Dans l'analyse mathématique, nous partons toujours d'une donnée hypothétique, et notre but est d'arriver à quelque vérité connue, d'où nous puissions ensuite, par un raisonnement synthétique, retourner sur nos pas jusqu'au point où commencèrent nos recherches. En pareil cas, on trouve infailliblement la synthèse, en renversant le procédé analytique; et comme tous deux sont appliqués à la démonstration du même théorème, ou à la solution du même problème, ils ne forment réellement que deux parties différentes d'une seule et même recherche. Dans les sciences naturelles, au contraire, une synthèse qui ne seroit autre chose que l'analyse renversée, seroit une absurdité. Bien loin de là, l'analyse en ce cas part nécessairement de *faits connus*, et après qu'elle nous a conduit à un principe général, le raisonnement synthétique qui la remplace alors, consiste toujours dans une application de ce principe à des phénomènes *différens* de ceux qui étoient compris dans l'induction première.

Dans quelques cas, le physicien emploie le mot analyse là où il est probable que le géomètre grec se fût servi du mot synthèse. Ainsi en astronomie, lorsque nous cherchons à établir, d'après les phénomènes connus, la vérité du système de Copernic, notre procédé est dit analytique. Mais à en juger par analogie, la géométrie antique auroit appliqué ce terme à un procédé directement inverse, au procédé qui, en admettant le système comme vrai, seroit descendu dans ses raisonnemens, de cette donnée aux phénomènes connus. Après quoi, si l'opération pouvoit être renversée de manière à prouver que ce système, et ce système seul, est compatible avec les faits, elle offriroit alors quelque analogie avec la synthèse géométrique.

Ces mêmes mots employés dans des sens divers, selon la science à laquelle ils s'appliquent, ont souvent entraîné dans des raisonnemens vagues et des opinions fausses, des hommes même de la réputation la plus illustre et la mieux méritée. Et ici je ne peux me dispenser de citer Condillac, qui a certainement contribué, plus que tout autre, à faire prévaloir les erreurs logiques dont nous parlons. « Je sais bien, « dit-il quelque part, que l'on a coutume « de distinguer différentes sortes d'ana- « lyse : l'analyse logique, l'analyse méta- « physique, et l'analyse mathématique. « Mais il n'y a en effet qu'une seule ana- « lyse : qui est la même pour toutes les « sciences » (1). Ailleurs, après avoir cité un passage de la logique de Port-Royal, où il est dit : « que l'analyse et la synthèse ne « diffèrent que comme le chemin qu'on fait « en montant d'une vallée en une monta- « gne, et celui qu'on fait en descendant « dans la vallée, » Condillac ajoute : « A ce « langage, je vois seulement que ce sont « là deux méthodes contraires, et que si « l'une est bonne, l'autre est mauvaise « En effet, on ne peut aller que du connu

(1) La Logique ; Seconde partie, Chap. VII.

« à l'inconnu. Or, si l'inconnu est sur la « montagne, ce ne sera pas en descendant « qu'on y arrivera, et s'il est dans la val- « lée, ce ne sera pas en montant. Il ne « peut donc y avoir deux chemins contrai- « res pour y arriver. De pareilles opinions « ne méritent pas une critique plus sé- « rieuse » (1).

Il est inutile de répondre à un argument si extraordinaire, après les observations que nous avons déjà faites sur l'analyse et la synthèse des géomètres grecs. Dans l'application de ces deux méthodes opposées à leurs fonctions respectives, le raisonnement théorique de Condillac est contredit par l'expérience universelle des mathématiciens anciens et modernes; et véritablement il est si absurde, qu'il porte avec lui sa propre réfutation, aux yeux de toute personne capable de comprendre les termes de la question. On ne le trouvera ni plus concluant ni plus intelligible, si on l'applique à l'analyse et à la synthèse des sciences naturelles, ou enfin, si on l'applique à ces mêmes mots, dans quelqu'autre sens qu'ils

(1) La Logique; Seconde partie, Chap. VI.

aient jamais été entendus jusqu'ici. Cependant, comme Condillac affirme qu'il n'y a et qu'il ne peut y avoir qu'une seule analyse, une réfutation de son raisonnement tirée d'une seule science particulière est, d'après son principe même, non moins concluante, que si elle étoit fondée sur un examen détaillé du cercle entier des connoissances humaines. Je me contenterai donc de renvoyer le lecteur à ce que nous avons exposé sur les mathématiques, dans la première partie de cette section.

Quant à l'idée attachée à ce mot par Condillac lui-même, je ne suis pas certain, après tout ce qu'il a écrit pour l'expliquer, de l'avoir parfaitement saisie. « Analyser », nous dit-il au commencement de sa logique, « n'est autre chose qu'observer dans « un *ordre successif* les qualités d'un objet, « afin de leur donner dans l'esprit *l'ordre* « *simultané* dans lequel elles existent » (1). Pour éclaircir cette définition, il ajoute cette autre remarque : « Quoique d'un coup-« d'œil je démêle une multitute d'objets

(1) La Logique ; Première partie, Chap. II.

« dans une campagne que j'ai étudiée, cependant la vue n'est jamais plus distincte que lorsqu'elle se circonscrit elle-même, et que nous ne regardons qu'un petit nombre d'objets à la fois : nous en discernons toujours moins que nous n'en voyons. »

« Il en est de même », continue-t-il, « de la vue de l'esprit. J'ai à la fois présentés un grand nombre de connoissances qui me sont devenues familières : je les vois toutes, mais je ne les démêle pas également. Pour voir d'une manière distincte tout ce qui s'offre à la fois dans mon esprit, il faut que je décompose, comme j'ai décomposé ce qui s'offroit à mes yeux : il faut que j'analyse ma pensée » (1).

Le même auteur s'attache encore ailleurs à développer l'idée qu'il se fait de l'analyse, en la comparant au procédé naturel de l'esprit dans l'examen d'une machine. « Que je veuille », dit-il, « connoître une machine, je la décomposerai pour en étudier séparément chaque partie. Quand j'au-

(1) Ibid.

« rai de chacune une idée exacte, et que « je pourrai les remettre dans le même or- « dre où elles étoient, alors je concevrai « parfaitement cette machine, parce que « je l'aurai décomposée et recomposée » (1).

J'avoue que je trouve dans tout cela autant de vague que de confusion. Dans les deux premiers passages, le mot analyse ne désigne que cette séparation des parties, sans laquelle nos facultés ne pourroient saisir un sujet trop étendu ou trop compliqué; opération qui certes ne donne qu'une idée tout-à-fait partielle et incomplète de cette analyse qu'on représente comme le grand instrument d'invention, dans les sciences comme dans les arts (2). Dans l'exemple de la machine, le langage de Condillac devient plus précis et moins équivoque; quoiqu'il me semble qu'une étude purement intellectuelle nous apprendra mieux la théo-

---

(1) Ibid. Chap. III.

(2) Ce qu'on nomme *méthode d'invention*, n'est autre chose que l'analyse. C'est elle qui a fait toutes les découvertes; c'est par elle que nous retrouverons tout ce qui a été trouvé. *Ibid.*

rie d'une machine compliquée qu'une décomposition et une recomposition matérielle de toutes ses parties. Car ce ne sont pas les parties, considérées séparément, qui constituent le mécanisme; c'est la combinaison de ces parties, mises chacune en leur place. Aussi voyons-nous en pareil cas un observateur d'une sagacité ordinaire conduit par la logique naturelle à une sorte d'analyse assez semblable à celle des mathématiques et des sciences naturelles, autant du moins que le permet la nature différente des cas. Au lieu de laisser ses yeux errer au hasard sur les détours compliqués d'un tel labyrinthe, il commence par remarquer le dernier *effet*, puis il revient pas à pas sur toute la suite des mouvemens intermédiaires par lesquels il est lié avec la *force motrice*. Sans doute il y a dans cette opération une sorte de décomposition *mentale* de la machine, puisque toutes ses parties sont successivement considérées en détail; mais ce n'est point cette décomposition qui constitue l'analyse. C'est la marche rétrograde et méthodique de l'effet mécanique à la puissance mécanique.

Les passages de Condillac auxquels s'appliquent ces critiques, sont tous empruntés à son traité de logique, composé dans l'intention d'établir sa doctrine favorite au sujet de l'influence du langage sur la pensée. Les conclusions paradoxales où il a été conduit par un emploi vicieux des mots analyse et synthèse, sont un des exemples les plus remarquables que fournisse l'histoire de la littérature moderne de la vérité du principe qu'il y expose. Et cette observation ne s'applique point seulement aux productions de ses dernières années. Longtemps auparavant il étoit déjà distingué par un ingénieux ouvrage dans lequel il s'engageoit à tracer *analytiquement* l'histoire de nos sensations et de nos perceptions, et cependant l'on a justement remarqné que tous les raisonnemens qui s'y trouvent, sont purement *synthétiques*. Un fameux mathématicien de ce temps a même été jusqu'à l'offrir comme un modèle de synthèse géométrique (1). Il eût été plus correct, ce me semble, de remplacer ici l'é-

---

(1) M. La Croix, dans son Introduction aux élémens de géométrie.

pithète de *géométrique*, par celle de *logique* ou de *métaphysique*. Car dans ces deux sciences, comme nous l'avons déjà observé, les méthodes synthétiques et analytiques ont une analogie plus étroite avec les inductions expérimentales de la chimie et de la physique qu'avec les recherches abstraites et hypothétiques du géomètre.

SECTION IV.

Suites des considérations sur la logique inductive.

I.

Nouvelles remarques sur la distinction établie entre l'expérience et l'analogie. — De l'autorité de l'analogie dans les conclusions et les conjectures scientifiques.

De même que des individus différens offrent souvent à nos sens une ressemblance d'où résulte une appellation commune, de même aussi nos facultés d'observation et de raisonnement nous mettent à portée de saisir entre les objets des rapports plus éloignés et plus subtils qui nous conduisent à comprendre des espèces diverses dans un seul genre commun. C'est ce qui arrive dans la logique : les lois de l'esprit humain que nous avons exposées, nous portent à étendre nos conclusions de ce qui nous est familier à ce qui nous est comparativement inconnu, et à raisonner de l'espèce à l'espèce, aussi bien que de l'individu à l'individu. Dans l'un et l'autre cas, le procédé logique de la pensée est à peu près, si non tout à fait, le même : mais l'usage commun de la langue a établi entre eux une distinction, et les écrivains les plus corrects rapportent ordinairement l'évidence de nos conclusions ; dans le premier, à *l'expérience*, et dans le second, à *l'analogie*. La vérité est que la différence entre ces deux appellations de l'évidence, lorsqu'on les analyse avec soin, paroît manifestement être, non point une différence de nature, mais de degré ; les particularités distinctives qu'offrent les individus, invalidant les conclusions qu'on rapporte à l'expérience, dans le sens rigoureux du mot, tout autant que les circonstances caractéristiques qui marquent la séparation entre les différentes espèces et les différens genres.

Cette différence de degrés, lorsqu'elle est considérable, conduit à d'importantes conséquences. A mesure que la ressemblance entre les deux cas diminue dans les marques palpables qu'ils présentent à nos sens, nos inductions de l'un à l'autre se font avec moins de confiance ; il est donc parfaitement juste que nous raisonnions avec plus de précaution d'une *espèce* à une *autre espèce*, que d'un individu à un autre individu de la même espèce. Ainsi, dans les réflexions suivantes, je me servirai de la distinction reçue entre les mots *expérience* et *analogie*, distinction qui seroit vraiment d'un important usage dans nos raisonnemens, si les classifications communes, au lieu de naître, comme on l'a vu souvent, de l'ignorance ou du caprice, avoient été le résultat d'une observation exacte et d'une comparaison attentive.

Selon le Doct. Johnson, l'analogie est proprement une ressemblance entre deux choses, qui tient à certaines circonstances, ou à certains effets ; comme lorsqu'on dit que le savoir *éclaire* l'esprit, c'est-à-dire, est à l'esprit ce que la lumière est à l'œil, en le mettant en état de découvrir ce qui auparavant lui étoit caché. C'est à peu près dans le même sens que Fergusson dit : Les choses qui n'ont entre elles aucune ressemblance, peuvent néanmoins être analogues, l'analogie consistant dans la ressemblance ou la correspondance des rapports. Et il cite à l'appui de sa définition l'analogie qui existe entre les nageoires d'un poisson, et les ailes d'un oiseau : les nageoires sont ici dans le même rapport avec l'eau, que les ailes avec l'air. Cette définition devient encore plus lumineuse, quand on l'applique aux analogies sur lesquelles sont fondées les figures de réthorique que l'on nomme la métaphore et l'allusion; et elle s'applique aussi avec beaucoup de bonheur à celles que l'imagination se plaît à saisir entre le monde matériel et le monde intellectuel.

Le plaisir que reçoit l'imagination de la contemplation de ces correspondances, réelles ou supposées, suppose immédiatement une certaine sorte de *disparité* ou de contraste dans la nature des deux objets comparés. L'analogie est donc un principe d'association tout-à-fait différent de la *ressemblance*, dans laquelle il semble se résoudre, d'après la théorie de Hume. Une autre preuve de cette vérité, c'est que la ressemblance des *objets* ou des *événemens* est perçue par les sens, et agit par conséquent même sur les brutes ; la correspondance, ou comme on dit souvent, la ressemblance de rapports, n'est point un objet des sens, mais de l'intelligence, et ainsi sa perception implique l'exercice de la raison.

Il n'est pas nécessaire, pour le dessein que j'ai à présent en vue, de rechercher curieusement les principes qui disposent d'abord l'esprit à former par analogie des conjectures du connu à l'inconnu. Qu'il suffise d'observer que cette disposition, loin d'être arrêtée par les habitudes des études philosophiques, en reçoit encore un nouvel encouragement; l'effet naturel de ces habitudes étant seulement de nous guider dans la droite route, et de nous apprendre à nous avancer avec précaution, d'après certaines règles générales, soutenues par l'expérience.

Les encouragemens que les études philosophiques donnent à cette disposition naturelle, naissent surtout des preuves innombrables qu'elles apportent de cette unité systématique et de cette harmonie de dessein qui éclatent partout dans l'univers.

Un fait bien connu de tous ceux qui ont la plus légère idée de l'histoire de la médecine, c'est que les connoissances anatomiques du corps humain chez les anciens dérivoient presqu'entièrement de conjectures analogiques, fondées sur la dissection des animaux; d'où il arriva que s'ils transmirent aux physiologistes de la moderne Europe quelques vérités importantes, elles se perdoient dans une foule de faits à moitié faux, et de théories erronées. Quelle conséquence légitime déduirons-nous de ces prémisses? Nous n'en concluons sûrement pas que l'analogie est un instrument inutile dans l'étude de la nature; nous dirons que quoiqu'elle puisse fournir un fondement raisonnable aux conjectures et aux recherches, elle ne doit pas être crue comme l'évidence directe, lorsque le fait lui-même s'offre à l'examen, et que les conclusions où elle mène doivent exciter en nous d'autant plus de défiance, que les sujets comparés s'éloignent davantage d'une coincidence exacte dans toutes leurs circonstances.

A mesure que s'étend notre connoissance de la nature, nous apprenons graduellement à combiner les présomptions qui naissent de l'analogie avec d'autres principes généraux qui les limitent et les corrigent. En comparant, par exemple, l'anatomie des diverses familles d'animaux, nous trouvons invariablement que les différences qu'on remarque dans la structure de leurs corps se rapportent au genre de vie auquel ils sont destinés; de telle sorte que si nous connoissons ce dernier fait, nous pouvons en quelques occasions former *à priori* des conjectures sur le premier. C'est ainsi que la forme des dents, avec la longueur et la capacité des intestins, varie dans les diverses espèces, selon la qualité des alimens dont l'animal doit se nourrir. De pareilles remarques ont été faites sur les différens autres organes dont se compose l'économie animale, et que l'on a comparés avec les fonctions qu'ils sont destinés à remplir. Si, sans faire attention aux circonstances de cette sorte, une personne alloit conclure, avec confiance, de l'anatomie d'une espèce à celle d'une autre, on ne diroit pas que l'analogie est un guide trompeur, mais seulement que cette personne ne sait pas l'appliquer à son véritable objet. En effet, la même considération qui donne à l'argument tiré de l'analogie sa plus grande force, montre évidemment ici la nécessité d'apporter à la conclusion originale quelque modification, selon la diversité du cas auquel on doit l'appliquer. Lorsque les anatomistes de l'antiquité, sans examiner les faits qui étoient à leur portée, sans considérer les fonctions particulières qui se lioient vraisemblablement à la forme droite de l'homme et à ses facultés rationnelles, tiroient leurs inductions sur l'organisation extérieure du corps humain, de la seule structure des quadrupèdes, les erreurs dans lesquels ils tombèrent, loin d'apporter une preuve solide contre l'emploi de l'analogie, lorsqu'on en fait un usage judicieux, ne firent que démontrer à leurs successeurs la nécessité de l'appliquer à l'avenir d'une manière plus sage et plus éclairée. Enfin, elles ont conduit à la découverte de ces grandes lois de l'économie animale, qui, en réconciliant les anomalies apparentes avec l'ordre et l'harmonie d'un dessein vaste et un, nous donne à chacun de nos progrès une idée plus étendue et plus magnifique de la bienfaisance et de la sagesse de la nature.

Cette vue des innombrables analogies répandues dans la partie de l'univers qui tombe sous notre connoissance immédiate, nous frappe encore d'une impression vive, lorsque nous songeons que cette même unité de dessein peut être distinctement aperçue dans les corps célestes, aussi loin que se sont étendues les recherches physiques des astronomes. Nous possédons sur ce point d'importantes connoissances dont nous sommes entièrement redevables à l'école de Newton. La croyance universelle de l'antiquité avoit admis pour principe que les phénomènes célestes sont essentiellement différens des phénomènes terrestres dans leur nature et dans leurs lois. Les découvertes modernes ont démontré combien les philosophes grecs s'éloignoient de la vérité sur ce point fondamental; et ce fut une conjecture *à priori* née de quelques doutes sur cette doctrine, qui fraya la route à la théorie de la gravitation. Chaque pas qu'on a fait depuis dans la science astronomique n'a servi qu'à faire éclater de plus en plus la sagacité des vues qui guidèrent Newton dans cette heureuse anticipation de la vérité, aussi bien qu'à confirmer par des exemples toujours croissans en grandeur la justesse de cette magnifique conception d'un dessein uniforme, qui l'enhardit à lier les phénomènes physiques de la terre avec les mystères jusqu'alors impénétrables des cieux.

Quelque instructives et quelque intéressantes que soient ces spéculations physiques, il est encore plus agréable de saisir l'uniformité de dessein qu'elle développe dans l'économie des êtres sensibles, de comparer les arts de la vie humaine avec l'instinct des brutes, les instincts des races diverses l'un avec l'autre, et de remarquer au milieu de l'étonnante vérité de moyens mis en œuvre pour accomplir les mêmes fins, une certaine analogie qui les caractérise tous. Il est encore plus intéressant d'observer dans les esprits des divers individus de notre espèce l'action des mêmes affections et des mêmes passions, manifestant, parmi les hommes de tous les temps et de tous les lieux, les traits communs à l'humanité tout entière. C'est là le grand charme de ce qu'on appelle le naturel dans les compositions épiques et dramatiques, lorsque le poète parle un langage qui trouve dans chaque cœur un écho, et qui, au milieu des effets divers de l'éducation et de la mode qui vient altérer et déguiser les principes de notre nature, rappelle aux diverses classes de lecteurs ou de spectateurs l'existence de ces liens moraux qui les unissent l'un à l'autre, et tous ensemble à leur père commun.

Mais ce n'est pas seulement dans le monde matériel et dans le monde moral, considérés comme systèmes séparés et indépendans, que cette unité de dessein peut s'apercevoir. Ces deux sphères ont aussi entre elles des rapports sans nombre qui deviennent surtout dignes de notre étude lorsque nous les considérons toutes deux dans leur tendance combinée vers le bonheur et l'agrandissement de l'espèce humaine. Il y a aussi une analogie plus générale que manifestent ces deux grandes divisions de la nature, dans les lois qui règlent leurs phénomènes; et par conséquent il y a une analogie entre les méthodes de recherches qui sont particulièrement applicables à chacune d'elles. J'ai déjà plusieurs fois parlé des erreurs auxquelles nous sommes exposés, quand nous concluons directement de l'une à l'autre, ou que nous substituons des analogies imaginaires que nous fournit quelquefois le langage, à une explication philosophique des phénomènes de l'une et de l'autre. Mais il ne s'en suit pas pour cela qu'il n'y ait aucune analogie entre les règles qui doivent nous conduire dans cette double étude. Au contraire, c'est des principes même de la philosophie inductive qui peuvent s'appliquer à toutes deux en commun, que nous inférons la nécessité de ne faire reposer nos conclusions dans chacune d'elles que sur les phénomènes qui leur sont propres.

Je n'ajouterai plus qu'une chose à ce que je viens de dire au sujet de l'analogie : c'est que ces rapports et ces dépendances sans nombre entre le monde matériel et le monde moral, qui s'offrent dans la sphère étroite de notre observation sur ce globe, nous encouragent et nous autorisent même à conclure qu'ils forment deux parties d'un seul et même dessein ; conclusion conforme aux meilleurs et aux plus nobles principes de notre nature, et que confirment à l'envi toutes les découvertes de l'esprit humain. Certes, rien ne seroit plus incompatible avec l'irrésistible penchant qui porte tout philosophe à conclure du connu à l'inconnu, que de supposer que tandis que les différens corps qui composent l'univers matériel sont dans un rapport manifeste l'un avec l'autre, comme partie d'un *tout* bien ordonné, les événemens *moraux* qui se passent sur notre planète sont entièrement isolés, et que les êtres intelligens qui l'habitent et pour qui l'on peut raisonnablement supposer qu'elle a été créée, n'ont aucune relation avec les autres natures intelligentes et morales. Oui, l'on peut le présumer à juste titre, il existe un grand système moral qui correspond au système matériel; et ces liaisons que nous saisissons aujourd'hui si distinctement entre les objets sensibles dont l'un se compose, nous sont comme autant de preuves d'un vaste système qui comprend tous les êtres intelligens dont l'autre est formé. Dans cet argument, comme dans une foule d'autres que nous fournit l'analogie en faveur de l'avenir qui nous attend, l'évidence est précisément de la même sorte que celle qui encouragea d'abord Newton à étendre ses spéculations physiques au-delà des limites de la terre. La seule différence, c'est qu'il pouvoit vérifier les résultats de ses conjectures par un appel aux faits sensibles : mais cette circonstance accidentelle, quoique sans doute elle porte dans l'âme de l'astronome la joie et la conviction, ne touche en rien aux fondemens sur lesquels s'élevoit originairement la conjecture, et ne fait que fournir une preuve expérimentale de la justesse des principes sur lesquels elle s'appuyoit. Avouons toutefois, que sans cette confirmation palpable de la théorie de la gravitation, il seroit difficile de défendre du reproche de présomption cette précision mathématique avec laquelle l'école de Newton prétend calculer les mouvemens, les distances et les grandeurs des mondes, si élevés, ce semble, au-dessus de notre puissance d'examen.

II.

Usage et abus de l'hypothèse dans les recherches philosophiques. — Différence qui existe entre les hypothèses gratuites, et celles qui se fondent sur des présomptions fournies par l'analogie — Evidence indirecte que l'hypothèse peut tirer de son accord avec les phénomènes. — Qu'il faut se garder d'étendre quelques-unes de ces conclusions à la philosophie de l'esprit humain.

Comme quelques-uns des raisonnemens qui se trouvent dans la première partie de cette section, peuvent, à la première vue, paroître plus favorables à l'emploi des hypothèses que ne le permet la sévérité des règles de la logique inductive, il n'est peut-être pas inutile de prévenir ces fausses interprétations de ma pensée, en ajoutant sur ce sujet quelques éclaircissemens et quelques remarques diverses.

« Les partisans des hypothèses, dit Reid, « ont été sommés souvent de montrer une « seule découverte utile dans la science « de la nature qui ait jamais été due à cette « méthode » (1). Pour répondre à ce défi, il suffit, quant à présent, de citer la théorie de la gravitation et le système de Copernic. Que la première soit née d'abord d'une conjecture ou d'une hypothèse fondée sur l'analogie, c'est ce que personne n'ignore; et, à vrai dire, elle ne peut s'offrir à per-

(1) Essai sur les facultés intellectuelles de l'homme.

sonne sous un autre jour, jusqu'à cette époque de la vie de Newton, où, par un calcul fondé sur la mesure exacte de la terre donnée par Picard, il démontra la coincidence qui existe entre la loi qui détermine la chute des corps pesans, et la puissance qui retient la lune dans son orbite. Le système de Copernic fournit encore un exemple plus frappant, et plus directement applicable à notre dessein, puisque la seule évidence que son auteur peut offrir en sa faveur, c'étoit l'avantage qu'il possédoit sur toute autre hypothèse, d'expliquer d'une manière simple et belle tous les phénomènes célestes.

Et l'utilité des théories hypothétiques ne se borne pas à ces cas où des recherches subséquentes sont venues confirmer ce qu'elles supposoient; elle peut être tout aussi grande alors même que l'attente a été entièrement trompée. Rien de plus juste que cette remarque d'Hartley : « que toute « hypothèse qui rend compte d'une ma- « nière satisfaisante d'un certain nombre « de faits, nous aide du moins à classer « ces faits dans l'ordre convenable, à en « mettre de nouveaux en lumière, et à pré-

« parer la voie aux recherches à venir » (1). Il est probable que c'est ainsi que se sont faites la plupart des découvertes : car quoique la connoissance des faits doive précéder la formation d'une théorie légitime, cependant une théorie hypothétique est généralement le meilleur guide qui nous conduise à la connoissance des faits utiles dans leur liaison mutuelle.

On ne doit point oublier que la première conception d'une théorie hypothétique, pourvu qu'elle offre quelque probabilité, suppose une connoissance générale des phénomènes dont elle cherche à rendre compte ; et c'est en raisonnant synthétiquement de l'hypothèse, et en comparant ses déductions avec l'observation et les expériences, qu'un sage physicien est conduit graduellement, ou à la corriger de manière à la réconcilier avec les faits, ou à l'abandonner définitivement, comme une conjecture sans fondement. Et même dans ce dernier cas, il s'est encore approché de la vérité, en faisant un pas de plus dans la voie de l'*exclusion*, pendant qu'il ajou-

(1) Hartley, Observat. on Man. Chap. I. Prop. V.

toit en même temps de nouvelles richesses à cette classe de phénomènes tous de la même famille, que son but est de rapporter au principe qui les a tous engendrés (1).

Dans cette apologie en faveur de l'emploi de l'hypothèse, je ne fais que répéter sous une forme différente les préceptes de Bacon, et les commentaires de quelques-uns de ses disciples les plus éclairés. « Le « préjugé contre les hypothèses », dit le docteur Grégory, « est fondé sur le sens « équivoque d'un mot. On le confond « communément avec celui de théorie. « Mais il ne signifie proprement que la sup- « position d'un principe, de l'existence du- « quel l'expérience ne nous donne aucune « preuve, mais que rendent plus ou moins

(1) Illud interim monemus; ut nemo animo concidat aut quasi confundatur, si experimenta quibus incumbit expectationi suæ non respondeant. Etenim quod succedit magis complaceat; et quod non succedit, sæpenumero non minus informat. Atque illud semper in animo tenendum *experimenta lucifera* etiam adhuc magis quam fructifera ambienda esse. Atque *de litteratâ experientiâ* hæc dicta sint; quæ *sagacitas* potius est et adoratio quædam venatica, quam *scientia*. De Aug. Scient. Lib. V. Cap. III.

» probable des faits qui ne sont ni assez « nombreux ni assez frappans pour qu'on « en puisse conclure son existence réelle. « Lorsque de telles hypothèses sont pro- « posées avec la modération et la défiance « qui convient à de simples conjectures, « alors, loin d'être nuisibles, elles sont même « nécessaires pour l'établissement d'une « théorie vraie. Ce sont les premiers rudi- « mens et comme une anticipation des prin- « cipes. »

Un autre écrivain non moins distingué a fait aussi d'une manière fort ingénieuse l'apologie de l'hypothèse : « Dans la philosophie « naturelle, nous ne pouvons nous en « rapporter aux simples spéculations de « l'esprit. On ne peut raisonner avec quel- « que certitude que d'après les données « qui naissent d'un grand nombre d'expé- « riences bien faites et dignes de foi. Ce- « pendant, d'un autre côté, il n'est point « déraisonnable, pourvu qu'on ne s'aban- « donne pas trop, de pousser ses raison- « nemens un peu au-delà de ce que révèle « et garantit l'évidence claire des expé- « riences. Car, puisque arrivé aux derniè- « res limites des choses que l'on connoît

« pleinement, on découvre de plus à travers une sorte de crépuscule les bords « voisins d'une *terre inconnue*, il semble « raisonnable de s'avancer jusque là par les « conjectures. Autrement nous ne ferions « que de bien lents progrès, soit par les ex« périences ou par le raisonnement; les « nouvelles découvertes ne doivent ordi« nairement leur première origine qu'à des « conjectures probables ou à d'heureuses « divinations; et souvent même ce sont « ces conjectures trompées qui nous ont « conduits à ce que nous cherchions. »

Et ce n'est pas seulement par les résultats erronés de ses propres hypothèses que le philosophe est aidé dans la recherche de la vérité. Souvent il peut recueillir de semblables lumières des erreurs de ses prédécesseurs, et c'est ainsi qu'une histoire exacte des différentes sciences peut justement être rangée parmi les moyens les plus propres à accélérer leurs progrès futurs. C'est à la vue des égaremens sans fin et sans espoir de ses prédécesseurs que Bacon sentit la nécessité de quitter tout sentier battu; ce fut ce qui l'encouragea, avec une confiance en ses propres forces amplement justifiée par le succès, à chercher et à ouvrir une nouvelle route vers les mystères de la nature : *Inveniam viam, aut faciam.* A cet égard, la maturité de raison dans les *espèces* est analogue à celle qui se produit dans les *individus* ; elle n'est point la conséquence d'une cause soudaine ou accidentelle, mais le fruit des mécomptes réitérés qui corrigent les méprises de la jeunesse et de l'expérience. Qu'on se garde donc de croire entièrement inutiles ces systèmes dont on a reconnu la fausseté. Celui de Ptolemée, par exemple, comme Bailly l'a fort bien observé, est fondé sur un préjugé si naturel et si inévitable, qu'on doit le considérer comme un pas nécessaire dans le progrès de la science astronomique ; et s'il n'eût pas été proposé dans l'antiquité, il eût infailliblement précédé chez les modernes le système de Copernic, et retardé l'époque de sa découverte.

Reid, adversaire zélé des hypothèses, part toujours, dans ses raisonnemens contre elles, de cette supposition, qu'elles sont entièrement arbitraires et gratuites. « Si un millier des plus grands esprits, dit-il, que le « monde ait jamais produits, s'avisoit, sans « aucune connoissance préalable en anato-

« mie, d'inventer et d'établir comment et « par quels organes intérieurs s'accomplis- « sent les diverses fonctions du corps hu- « main, quelle force fait circuler le sang « et mouvoir ses membres, il ne leur se- « roit pas possible, en un millier d'années, « de rencontrer la moindre chose qui res- « semblât à la vérité. » (1). Rien de plus juste que cette remarque; mais autorise-t-elle à conclure que pour un anatomiste habile et expérimenté, des conjectures fondées sur l'analogie et sur la considération des divers usages des choses, ne sont d'aucun secours comme moyens de découverte? La conséquence logique qui restoit de la supposition de Reid n'attaque vraiment en rien les conjectures anatomiques en général, mais seulement les conjectures anatomiques de ceux qui ne savent rien.

Enfin, à ces réflexions en faveur de l'hypothèse, on peut ajouter que quelques-unes des objections qu'on pouvoit, il y a un siècle, élever justement contre elle, ont déjà, par le rapide progrès des connoissan-

---

(1) Essai sur les facultés intellectuelles.

ces, perdu beaucoup de leur force. M. Prévost a remarqué avec raison qu'à une époque où la science s'étoit avancée si loin, et s'étoit enrichie d'un immense trésor de faits, les dangers de l'hypothèse sont moins grands, et ses avantages plus précieux que dans des temps d'ignorance; et il en donne trois raisons : 1.° La multitude des faits restreint l'imagination, en lui offrant de tous côtés des obstacles à ses égaremens, et en renversant ses frêles constructions. 2.° A mesure que les faits se multiplient, la mémoire sent plus vivement le besoin de s'aider de principes qui lient ou associent les faits entre eux. 3.° Les chances pour découvrir d'intéressans et luminenx rapports entre les objets des nos connoissances, s'accroissent avec le nombre des objets comparés. Enfin, une quatrième raison qui fortifie cette même proposition générale, et qui se tire des considérations déjà exposées, c'est que l'échelle sur laquelle peuvent être étudiées les analogies de la nature, s'agrandit tellement tous les jours avec le cercle de nos connoissances, qu'elle frappe les yeux les plus inattentifs; tandis qu'en même temps que les lumières se répandentde toute part, la perception de ces analogies, élément si essentiel d'un génie inventif, devient insensiblement propre à tous ceux qui jouissent des avantages d'une éducation libérale. C'est ainsi que Bacon a pu dire avec raison : *Certo sciant homines, artes inveniendi solidas et veras adolescere et incrementa sumere cum ipsis inventis.*

Après avoir tant dit pour la défense des conjectures analogiques, considérées comme instrumens des découvertes physiques, je pense qu'il est bon de prévenir mes lecteurs contre la supposition que ce que je viens d'exposer ici admette aucune application aux théories analogiques de l'esprit humain. Je ne veux pourtant pas m'étendre à présent davantage sur ce chapitre. En traitant de la logique inductive, je me suis soigneusement renfermé dans ces branches de connoissances où elle a été déjà appliquée avec un incontestable succès; et j'ai évité, pour des raisons faciles à comprendre, tout appel aux sciences dans lesquelles son utilité reste encore à constater.

III.

Observations supplémentaires sur l'usage des mots *induction* et *analogie* dans les mathématiques.

Avant d'abandonner l'induction et l'analogie considérées comme méthodes de raisonnement dans les sciences physiques, il me reste à dire quelques mots sur l'usage qu'on fait quelquefois des mêmes termes dans les mathématiques pures. Quoique, en conséquence de la diversité de nature de ces sciences, l'induction et l'analogie de l'une ne puisse manquer de différer extrêmement de l'induction et de l'analogie de l'autre, cependant l'histoire générale du langage peut nous faire aisément présumer que cette appellation commune a été suggérée par une sorte de coincidence entre les deux cas qu'elle rapproche ainsi immédiatement.

C'est une doctrine établie jusqu'ici parmi les logiciens modernes aussi bien que parmi ceux de l'antiquité, et qui n'a peut-être pas rencontré encore une seule opposition : que nulle proposition mathématique ne peut être prouvée par induction. Reid a donné sa sanction à cette opinion dans les termes les plus formels, en observant qu'alors même que l'expérience auroit montré dans mille cas divers que l'aire d'un angle est égal au rectangle élevé sur la base et la moitié de la hauteur, il ne s'en suivroit point pour cela qu'il en doive être ainsi dans tous les cas, et qu'il ne puisse en être autrement ; ce que le mathématicien affirme.

Mais cette assertion générale doit être un peu modifiée, comme le démontre pleinement ce fait bien connu que l'*induction* est une sorte d'évidence sur laquelle les raisonneurs les plus scrupuleux sont accoutumés, dans leurs recherches mathématiques, à se reposer avec une confiance implicite, et qui, malgré son impuissance à démontrer à *elle seule* que les théorèmes qu'elle engendre sont *nécessairement* vrais, suffit cependant entièrement pour convaincre tout esprit raisonnable qu'elle embrasse *tous les cas possibles*. Ce fut par induction que Newton découvrit la formule algébrique qui nous met en état de déterminer une puissance quelconque tirée de la racine d'un binome, sans avoir besoin d'exécuter les multiplications progressives.

A quels principes, demandera-t-on peut-être, la validité d'une telle preuve dans les mathématiques peut-elle se ramener en dernière analyse ? Il me semble que c'est qu'elle prend pour accordées certaines maximes logiques, et qu'elle implique obscurément un raisonnement légitime et concluant, quoiqu'il ne soit pas déduit selon les règles de la démonstration mathématique, ni formellement exprimé dans les mots. Ainsi, dans l'exemple cité par le docteur Reid, je supposerai que j'aie dabord constaté par l'expérience la vérité de la proposition dans le cas d'un triangle équilatéral, et que je trouve ensuite qu'elle s'applique à toutes les autres sortes de triangles, soit isoscèles ou scalènes, à angles droits, obtus, ou aigus. Il m'est impossible de ne pas voir que cette propriété, n'étant liée en rien avec aucune des circonstances particulières qui distinguent ces différens triangles l'un de l'autre, doit naître de quelque chose de commun à tous les triangles, et par conséquent doit être une propriété de cette figure en général. De même encore, dans le théorème du binome, si la formule correspond à la table des puissances dans divers exemples particuliers, qui ne conviennent entre eux qu'en ceci, qu'ils offrent des puissances diverses de la même racine binomiale, nous devons conclure, et je pense que cette conclusion est conforme aux lois de la plus saine logique, que c'est cette propriété commune qui rend le théorème vrai dans ces différens cas, et que par conséquent il doit aussi s'appliquer *nécessairement* dans tous les autres. Peut-être pourroit-on demander si, dans la supposition où nous n'aurions jamais connu auparavant ce que c'est qu'évidence démonstrative, le procédé purement inductif pourroit jamais nous conduire à l'idée d'*une vérité nécessaire* : mais la plus légère connoissance des mathématiques suffit pour nous convaincre intimément que tout ce qui est *universellement* vrai dans cette science, doit être vrai *nécessairement*, et qu'ainsi vérité universelle et vérité nécessaire sont, dans le langage des mathématiciens, deux expressions synonymes. Si ces idées sont justes, il faut en conclure que l'évidence qui naît de l'induction mathématique diffère essentiellement de celle que donne l'induction physique, puisque celle-ci se résout pour nous dans une attente instinctive des lois de la nature, et par là n'atteint jamais à cette certitude démonstrative qui exclut la possibilité de toute anomalie. Newton, conformément aux principes de la logique de Bacon, admettoit la possibilité que Dieu changeât les lois de la nature, et fît des mondes de diverses espèces en diverses parties de l'univers : du moins, ajoute-t-il, je ne vois rien de contradictoire dans tout cela. Newton se seroit-il exprimé avec un égal scepticisme sur l'universalité de son binôme? auroit-il admis la possibilité d'une seule exception à ce théorème? En un mot, existoit-il pour lui l'ombre de différence la plus légère entre le degré de son assentiment à ce résultat inductif, et celui que lui arrachoit une démonstration d'Euclide?

Ainsi donc on peut dire sans incorrection que le mathématicien aussi bien que le physicien raisonne par induction, lorsqu'il conclut du connu à l'inconnu; cependant, il est incontestable qu'en pareil cas il asseoit ses conclusions sur des fondemens essentiellement distincts de ceux qui forment la base de la science expérimentale.

Le mot d'*analogie* comme celui d'*induction* est commun aux sciences naturelles et aux mathématiques pures. C'est ainsi que nous parlons de l'analogie qui se découvre entre les propriétés générales des différentes sections coniques avec non moins de propriété que de l'analogie que nous présente la structure anatomique des différentes races d'animaux. Dans certains cas, ces analogies mathématiques sont recueillies par une sorte d'induction; dans d'autres, elles sont inférées comme conséquences, de vérités plus générales dont elles font partie. Ainsi, dans les courbes dont nous venons de parler, tant que nous nous contentons, comme l'a fait plus d'un écrivain élémentaire, de déduire leurs propriétés de la description particulière de chacune d'elles sur un plan, nous nous élevons par l'expérience de la comparaison des propositions qui ont été démontrées séparément à l'égard de chaque courbe, à des théorèmes plus étendus, qui s'appliquent également à elles toutes. Mais si, au contraire, nous commençons par les considérer dans leur origine commune, nous pouvons alors en déduire à la fois leurs propriétés génériques et leurs différences spécifiques. La satisfaction qu'excite en nous cette vue, ne peut être conçue que par ceux qui l'ont éprouvée; quoique je doute si elle ne l'est pas plus vivement encore par ceux qui, après avoir été conduits de la contemplation des vérités particulières à d'autres vérités plus générales, sont arrivés à quelque position élevée, d'où ils voient rangées en ordre sous leurs yeux les liaisons mutuelles et les rapports du système entier.

Cependant, même avant que nous n'ayons atteint cette hauteur, la contemplation de l'analogie, considérée simplement comme un fait, a pour l'esprit un charme qui naît et de l'étonnement mystérieux qu'elle excite, et de la généralisation qui en résulte dans nos connoissances. Pour le mathématicien consommé, ce plaisir est encore plus vif, parce que l'analogie lui annonce l'existence de théorèmes encore inconnus, beaucoup plus étendus et plus lumineux que ceux qui l'ont conduit par un procédé si indirect, si ennuyeux, et comparativement si peu satisfaisant, à ses conclusions générales. A cet égard, le plaisir qui naît de l'analogie dans les mathématiques, se rapporte au même principe qui semble, par-dessus tout le reste, faire des analogies, dans les différens domaines de la nature, un sujet si intéressant de méditation. Dans les deux cas, la curiosité trouve un aiguillon puissant autant qu'agréable dans les encouragemens donnés à l'exercice des facultés inventives, et dans l'espoir que nous entretenons avec amour, de quelque découverte qui viendra couronner ces travaux. De même par exemple que les propriétés analogues des sections coniques nous conduisent à quelques théorèmes généraux dont elles sont les corollaires, ainsi l'analogie qu'on découvre entre les phénomènes de l'électricité et ceux du galvanisme nous conduit irrésistiblement à croire par avance à quelque loi générale, qui nous montre ces phénomènes réunis en une seule classe, mais différemment modifiés dans les résultats sensibles par la diversité des circonstances. Peut-être même ne seroit-il pas impossible de montrer que le plaisir qui naît pour nous de ces analogies sur lesquelles se fondent les méthaphores poétiques, peut en partie se rapporter à la satisfaction qu'excite encore l'idée de quelque vérité découverte, ou de quelque connoissance acquise. L'imagination donne à ces illusions un ascendant momentané sur les froides conclusions de l'expérience; elle charme l'esprit par le sentiment flatteur de sa propre force, ou du moins par le consolant oubli de sa foiblesse.

SECTION V.

De certaines applications fautives des mots *expérience* et *induction* dans le langage de la science chez les modernes. — Exemples tirés de la médecine, et de l'économie politique.

Dans la première section de ce chapitre j'ai tâché de déterminer les traits caractéristiques qui distinguent l'induction philosophique de Bacon, des systèmes hypothétiques de ses prédécesseurs, et nous permettent d'espérer pour les doctrines de cette école une stabilité qui sembleroit chimérique si nos jugemens sur l'avenir de la science ne se formoient que par analogie, d'après ses révolutions dans le passé.

Cependant, pour rendre à cette méthode une justice complète, autant que pour prévenir une extension illégitime des conclusions précédentes, il est nécessaire de mettre le lecteur en garde contre une application vague des mots de *science inductive* à des recherches qui n'ont point été rigoureusement conduites selon les règles de la logique inductive. Si l'on néglige ce soin, il est à craindre, d'un côté, qu'on ne prête au sophisme et à l'ignorance l'autorité de ces noms illustres dont ils se vantent de suivre les pas; et de l'autre, qu'on ne jette du discrédit sur cette méthode de recherches dont le langage et les autres dispositions techniques ont été ainsi pervertis.

Parmi les traits distinctifs de la nouvelle logique, comparée à celle de l'école, le plus marqué est sans doute l'estime qu'elle professe pour l'expérience, comme le seul fondement solide des connoissances humaines. Il peut donc être utile de considérer jusqu'à quel point la notion attachée communément à ce mot est précise et nettement définie, et s'il ne seroit pas quelquefois possible qu'on l'employât dans un sens plus général et moins sévère que ne l'ont fait les auteurs que l'on proclame comme les grands modèles des recherches inductives.

Dans le cours de la section précédente, j'ai remarqué que, quoique la différence entre les deux sortes d'évidence qu'on rapporte ordinairement à l'*expérience* et à l'*analogie*, soit une différence de degré plutôt que de nature, cependant il est utile de ne point perdre ces termes de vue, parce qu'ils servent à marquer le contraste entre deux cas séparés l'un de l'autre par un intervalle assez vaste; et plus spécialement à marquer la différence entre un argument qui va d'un individu à un autre individu de la même espèce, et un argument qui va d'une espèce à une autre espèce du même genre. Cependant, comme cette distinction, lorsqu'on l'examine avec soin, se trouve beaucoup plus vague et plus confuse qu'il ne sembloit à la première vue, il n'est pas étonnant qu'il se présente des circonstances dans lesquelles il est difficile de dire, de l'évidence qui nous frappe, à laquelle de ces divisions elle doit être rapportée. Et ce doute ne conduit pas seulement à une question de mots; il produit une hésitation qui ne laisse pas que d'agir même sur le jugement d'un philosophe, les maximes dans lesquelles nous avons été élevés nous portant à célébrer l'évidence d'expérience comme la pierre de touche de la vérité, et à déprécier l'évidence d'analogie comme une des sources d'erreur les plus fécondes. Comme ces maximes se fondent sur la supposition que les domaines respectifs de l'une et de l'autre sont déterminés avec une entière précision, il est évident qu'en admettant qu'elles sont parfaitement justes en elles-mêmes, l'application peu judicieuse qu'on en peut faire doit entraîner beaucoup de dangers. Je tâcherai d'éclaircir cette remarque par quelques exemples familiers qui suffiront, je pense, pour recommander à l'attention des logiciens à venir, ce sujet que la place subordonnée qu'il occupe dans le le dessein général de cet ouvrage me défend de traiter avec le détail qui convient à son importance.

Le docteur Reid observe que dans la médecine c'est par *l'analogie* que la plupart du temps le médecin est dirigé dans ses ordonnances. La constitution du corps d'un homme est si semblable à celle d'un autre, qu'il est raisonnable de penser que ce qui donne à l'un la santé ou la maladie, doit avoir sur l'autre le même effet. Et cela, ajoute-t-il, se trouve généralement vrai, quoique ce ne soit pas sans quelques exceptions.

Je doute que cette observation soit justifiée par l'usage commun du langage : autant que j'en puis juger, ce n'est point à *l'analogie*, c'est à *l'expérience* que l'on a coutume, de rapporter l'évidence d'après laquelle se guide un sage médecin.

Peut-être le monde y gagneroit-il, si les habitudes générales de la pensée et du langage se rapportoient dans cette circonstance plus qu'elles ne semblent le faire, aux idées du docteur Reid, ou si du moins quelque épithète qualificative avoit été invariablement attachée au mot expérience, pour montrer en quel sens étendu on doit l'entendre lorsqu'il s'applique à l'évidence qui guide le médecin dans l'exercice de son art. La vérité est que, même dans la supposition la plus favorable, cette évidence est affoiblie ou détruite par les circonstances particulières et peu connues de chaque nouveau cas où l'on veut appliquer ces premiers résultats. Sans une sagacité particulière à saisir et à marquer, non-seulement les ressemblances, mais aussi les traits caractéristiques des maladies rangées sous le même nom technique, on peut dire que la décision du médecin ne se fonde vraiment pas sur aucun principe avoué de la raison, mais sur une conjecture aveugle et hasardée. Plus cette sagacité s'exercera avec succès, plus l'évidence de la médecine pratique approchera de celle de l'*expérience*, mais sans pouvoir jamais prétendre à cette certitude presqu'infaillible avec laquelle, dans les autres sciences, se prédisent les résultats.

Malgré ces considérations si évidentes, il est devenu à la mode, parmi une certaine classe de médecins pratiques, de compter leur art comme une des branches de la philosophie expérimentale, et de parler de la différence qui existe entre la médecine empirique et la médecine théorique, comme si elle étoit tout-à-fait analogue à celle qu'on remarque dans les sciences physiques entre celui qui ne procède que par expérience et celui qui s'abandonne aux théories hypothétiques. L'expérience, nous dit-on, et l'expérience seule doit nous guider dans la médecine, comme dans les autres divisions des connoissances physiques. Et l'on ne peut proposer la moindre innovation, quelque raisonnée qu'elle soit, dans la routine de la pratique, qu'aussitôt on ne voie mettre en avant une foule de cas allégués au nom d'une irrécusable expérience, comme preuves des dangers dont cette innovation menace l'humanité.

On a dit avec raison qu'il y avoit en circulation dans le monde beaucoup plus de faits controuvés que de fausses théories. C'est ce que devroient se rappeler ceux qui, déclamant sans cesse contre l'incertitude et la fausseté des systèmes, s'occupent eux-mêmes à entasser un chaos de faits isolés, qu'ils admettent sur les preuves les plus légères. Ainsi, dans la médecine pratique, abstraction faite de tout soupçon de mauvaise foi dans ceux qui n'appuient que de leur témoignage la vérité des faits, il y a mille autres circonstances qui tendent à corrompre les rapports les plus sincères de ce que l'on décore communément du titre d'*expérience*. Cette disposition sur laquelle est entée la philosophie est si profondément enracinée dans l'esprit humain, que le narré le plus simple de l'observateur le plus vulgaire, renferme toujours plus ou moins d'hypothèse. Et même on trouvera en général que plus le narrateur est ignorant, plus sont nombreux les principes hypothétiques contenus dans ses discours. Un pharmacien de village, et pour descendre encore plus bas, une nourrice qui a quelque expérience en ce genre, est rarement capable de décrire le cas le plus simple sans employer un langage dont chaque mot est une théorie ; tandis qu'une spécification simple et claire des symptômes qui annoncent une maladie particulière, où l'imagination et les préjugés ne viennent point mêler leurs sophismes, peut être regardée comme une preuve non équivoque d'un esprit instruit par de longues et heureuses études au plus difficile de tous les arts, celui d'une fidèle interprétation de la nature.

Cependant, indépendamment de toutes ces circonstances qui tendent si puissamment à corrompre les données sur lesquelles le médecin doit raisonner ; et en supposant que les faits qu'il admet, ont été exposés non-seulement avec le plus scrupuleux respect pour la vérité, mais encore avec le soin le plus jaloux d'exclure toute expression théorique, l'évidence sur laquelle il s'appuie est au moins conjecturale et douteuse, lorsqu'on la compare à celle que réclame la chimie ou la mécanique. Rarement, si cela est jamais possible, la description d'aucun cas médical peut renfermer toutes les circonstances auxquelles se lie le résultat. Aussi, quelque vrais que puissent être souvent les faits décrits, cependant, lorsque la conclusion à laquelle ils conduisent vient à être appliquée comme règle générale dans la pratique, il se trouve, non-seulement que cette règle tirée d'une seule expérience est téméraire et hasardée, mais qu'elle est transportée d'un cas imparfaitement connu à un autre dont nous sommes également ignorans. L'on trouvera que l'évidence de l'expérience est ici incomparablement moins en faveur de l'empirique que du sage théoricien; ou plutôt que c'est seulement par une sage théorie que l'expérience peut obtenir quelque valeur. Ainsi donc, rien de plus absurde que de mettre en contraste, comme on le fait ordinairement, l'expérience et la théorie, comme si elles étoient en opposition l'une avec l'autre. Sans la théorie, ou en d'autres termes, sans des principes généraux déduits d'une habile comparaison des phénomènes divers, l'expérience n'est qu'un guide aveugle et sans utilité; tandis que d'un autre côté, une théorie légitime (et la même observation peut s'étendre aux théories hypothétiques qui s'appuient sur de nombreuses analogies) présuppose nécessairement une connoissance de faits liés entr'eux et bien constatés, beaucoup plus étendue que celle dont est pourvu quiconque n'a pour lui que sa seule expérience.

Ce peu que je viens de dire suffit pour montrer combien est vague et indéterminée la notion attachée communément au mot *expérience* par les partisans les plus zélés de son autorité souveraine en médecine. Il semble de plus, démontrer que la question entre eux et leurs adversaires revient à peu près à une dispute sur les avantages comparatifs d'une expérience guidée par la pénétration et le jugement, ou d'une expérience qui suspend tout exercice de nos facutés rationnelles; d'une expérience exacte, variée et éclairée, ou d'une autre toute grossière et confuse, comme les perceptions des derniers animaux.

Une autre branche de connoissances dans laquelle se font constamment des appels à l'expérience, est la *politique*, et dans cette science comme dans celle qui vient de nous occuper, je crois que ce mot est souvent employé dans un sens beaucoup plus étendu qu'on ne le soupçonne généralement. Je dirai même que la plupart des remarques que j'ai déjà offertes sur l'autre sujet, peuvent aussi (*mutatis mutandis*) s'étendre à celui-ci. Je concentrerai donc mon attention, dans ce qui va suivre, sur une ou deux particularités qui caractérisent spécialement et exclusivement la politique, comme objet d'étude, et qui semblent faire de l'espèce d'évidence qu'elle admet quelque chose de bien plus différent encore que celle de la médecine, de ce que le mot *expérience* fait naturellement concevoir.

La science de la politique peut se diviser en deux parties; la première ayant pour objet la théorie du gouvernement, la seconde, les principes généraux de la législation. Pour ne pas me perdre dans un champ trop vaste, je ne dirai rien ici de la première et pour plus de précision, dans mes remarques sur la seconde, je me renfermerai dans les matières que l'on comprend sous le titre général d'économie politique, j'entends dans le sens le plus étendu que l'on attache à cette phrase.

Ceux qui, dans le dernier siècle, se sont

adonnés aux recherches qui ont pour objet la population, la richesse des nations, et tout ce qui s'y rattache, peuvent être divisés en deux classes : à l'une nous pouvons donner le titre d'*arithméticiens politiques*; à l'autre, celui d'économistes ou de philosophes politiques. On suppose généralement que les premiers ont en leur faveur l'évidence de l'expérience, et rarement ils manquent eux-mêmes de s'arroger exclusivement le mérite de marcher d'un pas ferme sur les traces de Bacon. Les autres en comparaison sont à peu près regardés comme des visionnaires, ou du moins comme des gens indignes d'aucun crédit, quand leurs conclusions s'écartent des détails de l'arithméticien politique.

On peut assurer avec confiance, et contre l'autorité du préjugé qui a prévalu, que l'une et l'autre de ces branches de connoissances, pour avoir quelque valeur réelle, doit également reposer sur la base de faits bien constatés, et que leur différence consiste seulement dans la nature différente des faits dont elles s'occupent respectivement. Les faits accumulés par l'arithméticien ne sont que des résultats particuliers que les autres hommes ont rarement l'occasion de vérifier, et qui, pour ceux qui les considèrent isolés, ne seront jamais d'une grande instruction. Les faits que le philosophe politique fait profession de rechercher, sont exposés à l'examen de l'humanité tout entière, et en le mettant en état, comme les lois générales de la physique, de constater un nombre infini de cas particuliers par le raisonnement synthétique, elles lui fournissent le moyen d'estimer ce que l'on doit accorder de foi à l'évidence qui repose sur le témoignage de ceux qui restreignent leur observation aux cas individuels.

M. Smith avoue que, pour lui, il n'a pas une grande foi dans l'arithmétique politique, et sur ce point je suis si bien de son avis, qu'il me semble qu'à peine doit-on faire attention à un phénomène particulier, lorsqu'on l'oppose comme une objection à une conclusion qui s'appuie sur les lois générales qui règlent le cours des affaires humaines. En admettant même que le phénomène en question ait été soigneusement observé et fidèlement décrit, il est possible que nous n'ayons pu connoître qu'imparfaitement cette combinaison de circonstances par lesquelles l'effet est modifié, et que si ces circonstances étoient toutes sous nos yeux, cette exception apparente se changeât en un exemple nouveau de la vérité même qu'on l'avoit destiné à combattre.

Si ces observations sont justes, au lieu d'en appeler à l'arithmétique politique, il seroit souvent plus raisonnable d'avoir recours à la seconde contre les extravagances de la première. Et cette assertion ne paraîtra point paradoxale à ceux qui considèrent que l'objet de l'arithmétique politique est trop souvent de rappeler les exceptions apparentes à des règles sanctionnées par l'expérience générale de l'humanité, et par conséquent, dans les cas où il y a incompatibilité évidente ou démonstrative entre l'exception alléguée et le principe général, on doit conclure en bonne logique non point contre la vérité du principe, mais contre la possibilité de l'exception. Les faits que l'on invoque ne s'appuient que du bon sens et de la bonne foi d'un témoin individuel, tandis que l'argument opposé tiré des principes jusqu'alors reconnus, réunit en sa faveur la voix de toutes les nations et de tous les temps.

Ainsi dans la pratique, aussi bien que dans les autres sciences, les partisans les plus opiniâtres de l'expérience sont ceux qui ont le moins de titres à invoquer son autorité en faveur de leurs dogmes, et cette accusation, d'une confiance présomptueuse dans la sagesse et la prévoyance humaine qu'ils élèvent incessamment contre les philosophes politiques, peut être retorquée contre eux-mêmes avec bien plus de justice.

SECTION VI.

Des recherches des philosophes sur les causes finales.

I.

Opinion de Bacon à ce sujet. — Les causes finales sont rejetées par Descartes et par la majorité des philosophes français ; — sont proclamées par Newton comme objets légitimes de nos recherches ; — sont tacitement reconnues par tous pour un guide logique utile, même dans les sciences qui n'ont point un rapport immédiat à la théologie.

L'étude des causes finales peut être considérée sous deux points de vue différens, d'abord comme preuve de l'évidence de la religion naturelle, ensuite comme un guide et un auxiliaire dans la recherche des lois physiques. Je l'envisagerai surtout de ce dernier côté, le seul qui se rattache immédiatement aux principes de la logique inductive ; sans pourtant pousser le scrupule jusqu'à éviter toute réflexion sur le premier, lorsque j'y serai conduit par la suite de mes pensées. La vérité est que ces deux objets paroîtront, à l'examen, beaucoup plus étroitement liés qu'ils ne le semblent à la première vue.

J'ai déjà observé que ce terme de *cause finale* fut introduit pour la première fois par Aristote, et que cette extension donnée à la notion de *causation* contribua beaucoup à égarer les recherches de ses disciples loin du véritable objet des sciences physiques. En lisant les critiques de Bacon sur cette manière de philosopher, il faut toujours se souvenir qu'elles attaquoient particulièrement les théories des scolastiques, et si elles semblent quelquefois exprimées en termes un peu trop forts, on doit pardonner quelque chose au zèle impitoyable d'un réformateur qui attaque des préjugés consacrés par une longue et tranquille prescription.

« *Causarum finalium inquisitio sterilis est;* « *et tanquam Virgo Deo consecrata, nihil* « *parit.* » Si une pareille remarque se fût trouvée dans un ouvrage philosophique du dix-huitième siècle, peut-être eût on pu le soupçonner justement de sentir l'école d'Épicure; mais telle ne fut jamais la pensée de Bacon, et ici il sera lui-même son meilleur commentateur. Voici le passage qui prépare et amène cette allusion :

« La seconde partie de la métaphysique « est la recherche des *causes finales.* Je suis « loin de penser qu'on doive négliger cette « étude; mais je crois qu'en général c'est « à tort qu'on l'a considérée comme une « branche de la physique. Si ce n'étoit qu'un « défaut d'ordre, je ne songerois pas à in- « sister beaucoup sur ce point, car l'ordre « est surtout une affaire de clarté, et ne « touche en rien la matière, la substance « même de la science. Mais dans cette oc- « casion, ce seul oubli de la méthode a eu « pour la philosophie les plus fatales con- « séquences. L'examen des causes finales a « supplanté et banni de la physique l'é- « tude des causes physiques; l'imagination « s'est amusée d'explications illusoires tirées

« des premières, et la curiosité séduite a « abandonné la recherche solide des derniè- « res. » Puis après divers exemples, il ajoute: « Je ne voudrois pas cependant qu'on s'ima- « ginât que par ces observations j'insinue « que les causes finales ne peuvent point « être fondées en vérité, et, sous le point de « vue métaphysique, extrêmement dignes « d'attention. Je pense seulement que lors- « que de telles recherches envahissent le « domaine propre de la physique, elles y « portent le ravage et la ruine. » (1)

La maxime épigrammatique qui a donné lieu à ces extraits, a été je crois citée plus souvent, particulièrement par les écrivains français, que toute autre pensée de Bacon; et comme en général on l'a proposée au lecteur, dégagée de ce qui l'entoure, et dans la forme d'un aphorisme détaché, on a supposé communément qu'elle renfermoit un sens bien éloigné de celui que semble y avoir mis l'auteur.

Mais le mépris de Bacon pour les causes finales des disciples d'Aristote ne l'a-t-il pas

(1) De Aug. Scient. Lib. III. Chap. IV, V.

emporté trop loin, lorsqu'il recommande leur exclusion totale de la physique? Cette question est de la plus gande importance dans la théorie de la logique inductive. Mon opinion est, que ses idées sur ce point, si on les considère dans leur application à l'état présent de la science expérimentale, sont extrêmement courtes et erronées. Peut-être au temps où il écrivit, une telle exclusion paroissoit-elle nécessaire comme le seul antidote efficace contre les erreurs qui infectoient toutes les branches de philosophie; mais quelle raison aurions nous-aujourd'hui de confirmer un tel arrêt, à une époque où l'objet véritable de la physique est trop bien compris, pour que la recherche des causes finales puisse égarer le théoricien, même le plus livré à son imagination. Quel danger y a-t-il à remarquer ces preuves d'un dessein bien prémédité qui s'offrent au physicien dans le cours de ses études. Ou si l'on croyoit qu'il n'étoit pas dans les attributions de la physique de parler de *dessein*, du moins il lui seroit permis de remarquer quelles *fins* sont réellement accomplies par les *moyens* particuliers, et quels avantages résultent des lois générales qui règlent les phénomènes de la nature. En agissant ainsi, le physicien établit simplement un *fait*, et s'il est illogique d'aller plus loin, il peut abandonner la conséquence au moraliste ou au théologien.

Et ce n'est pas seulement sous le point de vue moral que l'examen des causes finales est intéressant. Il y a quelques parties de la science de la nature où il est nécessaire, pour compléter la théorie physique : il y a des circonstances dans lesquelles cet examen s'est trouvé un puissant, et peut-être un indispensable instrument de découverte physique. La science de l'anatomie en fournit les exemples les plus remarquables. Pour comprendre la structure du corps d'un animal, il est nécessaire, non-seulement d'examiner la *conformation* des parties, mais aussi de considérer leurs *fonctions*, ou en d'autres termes, de considérer leur *fin* et leur *usage*. Et la connoissance la plus complète de la première, tant qu'elle n'est point perfectionnée par la découverte des secondes, ne peut satisfaire pleinement un esprit curieux et né pour les sciences. Aussi tout anatomiste, quelles que soient ses croyances métaphysiques, procède-t-il dans ses recherches d'après cette maxime, que tout organe a sa destination propre, et quoique souvent il use en vain ses efforts à rechercher cette destination, jamais il ne pousse le scepticisme jusqu'à douter un moment du principe général. Je suis porté à croire que c'est en ce genre le pas le plus important qui ait été fait en physiologie; la curiosité est ainsi constamment tenue éveillée par quelque problème nouveau dans la machine, animale et en même temps elle est arrêtée dans ses écarts par une conviction irrésistible, que rien n'est fait en vain.

Ce dessein éclate encore plus particulièrement lorsque nous contemplons dans l'économie animale le même effet produit dans des combinaisons de circonstances différentes, par des moyens différens. Lorsque nous comparons, par exemple, la circulation du sang dans le fœtus avec cette même circulation dans le corps de l'animal, après qu'il est né. En une telle occasion, qui pourroit s'empêcher de dire avec l'ingénieux Baxter : « L'art et les moyens sont multipliés exprès, afin que nous ne puissions pas y voir l'effet du hasard; et en quelques cas, la méthode est différente, afin que nous puissions voir qu'elle n'est pas l'effet d'une immuable nécessité. »

L'étude de l'anatomie comparée conduit à chaque pas si directement et si manifestement à la même conclusion, que même ces physiologistes qui n'ont en vue que de l'avancement de leur science, s'accordent unanimément à recommander la dissection d'animaux de différentes sortes, comme le secours le plus efficace de tous pour constater les *fonctions* des divers organes dans le corps humain. Admettant ainsi tacitement comme une vérité incontestable, qu'en proportion de la variété des moyens par lesquels le même effet s'accomplit, s'accroît la présomption que cet effet étoit une *fin* et un *but* dans la penséede l'artiste.

Si Bacon eût pu deviner les découvertes auxquelles la recherche des causes finales a conduit dans l'économie animale, il se fût empressé d'admettre, je n'en doute pas, qu'elle n'est point si dépourvue d'intérêt ni d'utilité, même pour le physicien. Cependant telle est l'influence d'un nom illustre, que malgré son opposition directe avec l'évidence des faits historiques, l'assertion qui

reproche à toutes ces recherches une stérilité complète, a été respectée jusqu'à ce jour avec une entière confiance par des écrivains d'un savoir et d'un mérite reconnus. Dans un des ouvrages physiologiques les plus remarquables de ces derniers temps, l'apophtègme de Bacon est plus d'une fois cité, et approuvé sans restriction, quoique l'auteur avoue avec candeur « qu'il est dif-
« ficile à l'homme le plus réservé de n'avoir
« jamais recours à la philosophie des cau-
« ses finales dans ses explications. » (1)

Le préjugé contre les causes finales si généralement repandu parmi les plus illustres philosophes français dans le dix-huitième siècle, avoit été autrefois introduit dans ce pays par Descartes. Qu'on ne croie pas cependant que dans l'esprit de ce grand homme il vînt d'aucun penchant à l'athéisme. Tout au contraire, il nous dit lui-même que ses objections contre la recherche des *usages* et des *fins* se fondoient entièrement sur cette présomptueuse confiance qu'elle sembloit montrer dans la puissance de la raison humaine, déclarée par là capable de pé-

---

(1) Rapports du physique et du moral de l'homme, par Cabanis. Tom. I, pag. 352. Paris 1805.

nétrer dans les conseils de la divine sagesse. Mais Boyle a répondu à cette objection de Descartes d'une manière fort satisfaisante, selon moi, comme on pourra s'en faire une idée d'après le court extrait suivant :

« Supposez qu'un villageois, entrant en « plein jour dans le jardin de quelque ma- « thématicien fameux, y rencontrât un de « ces instrumens gnomoniques qui mon- « trent à la fois la place du soleil dans le « zodiaque, sa déclinaison de l'équateur, « le jour du mois, l'heure du jour, etc. Sans « doute ce seroit présomption à lui, igno- « rant et les sciences mathématiques, et « les intentions particulières de l'auteur, « de se prétendre capable de découvrir *tou- « tes les fins* pour lesquelles a été formé « un instrument si curieux et si compliqué. « Mais lorsqu'il remarque qu'il est fourni « d'une aiguille, de lignes et de nombres « horaires, et en un mot, de tout ce qui « constitue un cadran solaire, et qu'il voit « manifestement l'ombre marquer de temps « en temps l'heure du jour ; alors il n'y au- « roit pas en lui plus de présomption que « d'erreur à conclure que cet instrument, « à quelqu'autre usage qu'il puisse être pro-

« pre d'ailleurs, est un cadran solaire, qui « a pour objet de marquer l'heure du jour. »

Newton étoit tellement sur ce point de l'avis de Boyle, qu'il regardoit la considération des causes finales comme *essentielle* à la vraie philosophie, et qu'il avoit coutume de se féliciter de l'effet de ses écrits qui avoient reporté l'attention sur elle, après les efforts de Descartes pour les exclure de la physique. Mais écoutons-le parler lui-même. « Le principal objet de la philoso- « phie de la nature, c'est de raisonner d'a- « près les phénomènes, sans bâtir d'hypo- « thèse, et de remonter des causes aux ef- « fets, jusqu'à ce que nous arrivions à la « première cause de toutes qui assurément « n'est pas mécanique; et non-seulement « d'expliquer le mécanisme du monde, mais « surtout de résoudre des questions telles que « celles-ci : *D'où vient que la nature ne fait* « *rien en vain, et d'où naît tout cet ordre et* « *cette beauté que nous voyons dans l'uni-* « *vers? Comment se fait-il que les corps des* « *animaux sont formés avec tant d'art, et* « *à quelle fin tendent leurs diverses par-* « *ties? L'œil a-t-il été construit sans la* « *science de l'optique, et l'oreille sans la* « *connoissance de l'acoustique?* »

Nous avons observé ci-dessus, au sujet des anatomistes, que tous sans exception, amis ou ennemis avoués de la recherche des causes finales, les prennent également pour guides dans leurs études physiologiques. Cette remarque peut s'appliquer aussi aux autres classes de philosophes. Quellesque puissent être leurs opinions spéculatives au moment où leur curiosité s'engage à la poursuite de la vérité, ou physique ou morale, involontairement, souvent même sans le savoir, ils soumettent leur esprit à une logique qui n'est empruntée ni d'Aristote, ni de Bacon. Ainsi par exemple, le système moral de ces anciens philosophes qui établissoient que la vertu consiste à suivre la nature, non-seulement implique une reconnoissance des causes finales, mais même en représente l'étude, en tout ce qui regarde la fin et la destination de notre être, comme la grande affaire et le devoir de la vie (1).

---

(1) *Discite, o miseri et causas cognocite rerum,*
Quid sumus, et quidnam victuri gignimur.
Perse.

Εγω δε τι βουλομαι καταμαθειν την φυσιν, καὶ ταυτῃ ἐπεσθαι.
Epictète.

De même encore, le système de ces médecins qui font profession de suivre la nature dans le traitement des maladies, en surveillant et en aidant sa puissance médicative, part de la même doctrine, comme de son principe fondamental.

II.

A cette longue discussion sur la recherche des causes finales dans la physique proprement dite, je dois ajouter quelques remarques sur son application à la philosophie de l'esprit humain, étude dans laquelle les véritables règles d'examen sont encore loin d'être généralement connues. Une des preuves les plus frappantes qu'on en puisse apporter, c'est l'erreur des moralistes les plus distingués de ces derniers temps qui ont perpétuellement confondu les causes finales et les causes efficientes. La même confusion, comme je l'ai déjà observé, se rencontre dans les écrits des disciples d'Aristote sur la physique; mais elle a si complètement disparu depuis Bacon, que dans les théories les plus bizarres des naturalistes modernes, à peine en pourroit-on découvrir une trace.

C'est à cette erreur de logique dont nous

parlons, que sont dus tant de faux systèmes sur les principes de la conduite des hommes, ou sur les motifs qui les portent à agir. Lorsqu'on examine attentivement les lois générales de notre constitution morale, on trouve qu'elles ont à la fois pour objet; le bonheur et le perfectionnement de l'individu et de la société. C'est là leur cause finale, c'est-à-dire, la fin à laquelle il est probable qu'elles ont été destinées par le Créateur. Mais quand l'homme, dans ses actions, obéit à ces impulsions de la nature, il arrive rarement qu'il ait aucune idée des fins dernières qu'il tend ainsi à accomplir, ou bien qu'il soit capable de calculer les effets éloignés des mouvemens qu'il donne à ce qui l'entoure. Ces impulsions peuvent donc, en un sens, être considérées comme les *causes efficientes* de sa conduite, puisque ce sont autant de moyens propres à lui inspirer certains goûts, certaines habitudes, et qu'elles agissent sur lui (dans le premier cas du moins) sans qu'il songe en rien aux desseins qu'elles servent à accomplir. Mais les philosophes dans tous les temps ont été extrêmement portés à conclure, à la vue des effets salutaires de quelque principe d'action, que c'est du sentiment ou de la prévision de ces effets que le principe tire son origine. De là sont nées les théories qui expliquent toutes nos actions par l'amour-propre, et celles qui voudroient ramener la morale tout entière à des vues politiques d'utilité générale, ou à la recherche de notre propre intérêt bien entendu.

Je ne sais point d'auteur qui ait mieux remarqué cette erreur commune que M. Smith. En examinant les principes qui se rattachent à notre nature morale, il traite toujours séparément de leurs *causes finales* et du *mécanisme*, comme il l'appelle, par lequel la nature obtient l'effet dont elle a besoin s'il est même appliqué à montrer à ses successeurs combien est importante la distinction qui existe entre ces deux études. « Dans « toutes les parties de l'univers, dit-il, nous « voyons les moyens ajustés avec l'art le « plus ingénieux aux fins qu'ils sont destinés à produire, et dans le mécanisme « d'une plante ou du corps d'un animal, « nous admirons comment chaque chose est « disposée pour l'accomplissement des deux « grands desseins de la nature, la durée « de l'individu, et la propagation de l'es- « pèce. Mais dans ces objets, et dans d'au-

« tres semblables, nous distinguons toujours « la cause efficiente de la cause finale. La « digestion des alimens, la circulation du « sang, sont des fonctions tout-à-fait né- « cessaires pour le grand but de la vie ani- « male : cependant, nous ne disons jamais « que ce but est leur cause efficiente. Ja- « mais nous ne nous sommes imaginés « que le sang circule de son propre mou- « vement, et dans l'intention de rem- « plir le but de la circulation. Nous sa- « vons que le dessein pour lequel a été fait « l'ouvrage ne doit être rapporté qu'à l'ar- « tiste qui l'a exécuté. Cependant, quoique « dans l'explication des fonctions du corps « nous ne manquions jamais à cette règle, « quand nous expliquons les opérations de « l'esprit, nous sommes portés à confondre « deux choses si différentes. Lorsque la seule « nature nous conduit à remplir ces fins « dont une raison éclairée nous recommen- « deroit l'accomplissement, nous sommes « enclins à rapporter à cette raison comme « à leur cause efficiente, les sentimens et les « actions qui remplissent ces fins, et à voir « la sagesse de l'homme là où est réellement « la sagesse de Dieu. Aux yeux d'un ob- « servateur superficiel, cette cause semble

« suffisante pour produire les effets qu'on « lui attribue ; et le système de la nature « humaine semble plus simple, et mieux « d'accord dans toutes ses parties, lors- « que toutes les opérations diverses sont « ainsi déduites d'un seul principe. » (1)

Ces remarques s'appliquent avec une force particulière à un système de morale qui a fait beaucoup de bruit de notre temps même, système qui résout l'obligation de toutes les différentes vertus dans le sentiment de leur utilité. Au temps où Smith écrivoit, il venoit d'être mis récemment à la mode par les recherches ingénieuses et subtiles de Hume, et l'on ne peut guères douter que le passage que nous venons de lire ne fût, dans l'intention de l'auteur, une réfutation indirecte de la doctrine de son ami. En effet, ces observations sur le penchant de l'esprit à confondre, dans l'étude de la morale, les causes efficientes et les causes finales, nous donnent la clef de l'erreur principale qui a trompé les partisans de ce système spécieux, mais si plein de dangers.

(1) Théorie des Sentimens moraux. Vol. I.

Parmi les propriétés des différentes vertus, il n'en est pas de plus frappante que leur bienfaisante influence sur le bonheur de la société. Aussi les moralistes de tous les systèmes, lorsqu'ils prêchent aux hommes l'accomplissement de leurs devoirs particuliers, tels que la justice, la véracité, la tempérance et les autres vertus de la vie privée, ne manquent jamais de s'étendre sur les nombreux avantages qu'elles amènent à leur suite. Le même conseil peut s'adresser aux partisans de l'intérêt, puisque le moyen le plus efficace pour réussir en ce genre, est encore, de l'avis de tout le monde, un respect entier et constant des lois de la morale.

A la vue de cette unité de dessein qui n'éclate pas moins dans le monde physique que dans la nature, il n'est pas difficile au philosophe de trouver un principe unique qui explique d'une manière plausible tous nos devoirs, puisque leur tendance à tous est de nous diriger vers un même genre de vie. Cependant, gardons-nous d'en conclure que ce soit de ces vastes considérations sur les conséquences de la conduite des hommes que naissent en nous les idées de bien et de mal, ou que nous soyons en droit, dans les circonstances particulières, de nous former à nous-mêmes des règles de conduite, tirées de spéculations sur les causes finales de notre nature morale. S'il est vrai, comme l'ont prétendu quelques théologiens, que la bienveillance soit le seul principe d'action de la divinité, nous pouvons supposer que les devoirs de la morale nous ont été imposés par le ciel, non point à cause de la justice intrinsèque de ces obligations, mais à cause de l'utilité qui en résulte pour nous. Mais ils n'en sont pas moins pour l'homme des lois sacrées et indispensables, des lois qu'il ne transgresse jamais sans être condamné par sa conscience, et puni par les remords. Et certes, ce n'est pas sans raison. Car si l'homme, privé de cette voix intérieure qui le guide et qui lui commande, eût été chargé du soin de conclure du calcul et de la comparaison des effets éloignés quels devoirs lui sont imposés ; nous pouvons affirmer sans crainte, qu'il n'y auroit plus assez de vertu dans le monde pour que la société fût encore possible.

Ceux qui ont coutume de réfléchir sur l'harmonie générale de la nature de l'homme, et sur la précision admirable avec laquelle les diverses parties de cette nature se rapportent à la scène où nous sommes destinés à paroître, ceux-là, dis-je, indépendamment de tout autre examen, trouveront dans cette dernière considération, un argument *à priori* bien puissant contre la doctrine que j'attaque. En effet, quand tout le reste dans ce système est si sagement combiné pour le bonheur de l'humanité, comment supposer que la conduite d'une créature aussi foible et d'une vie aussi courte que l'homme, a été abandonnée sans autre règle que l'opinion particulière de chaque individu sur l'utilité de ses actions, c'est-à-dire, les conjectures qu'il peut former sur le bien ou le mal qui doit résulter pour l'universalité des êtres d'une suite indéfinie de futurs contingens. S'il en étoit ainsi, les opinions des hommes sur les règles de la morale seroient aussi variées que leurs jugemens sur l'issue probable des déterminations les plus épineuses et les plus difficles de la politique. On peut imaginer une foule de cas où une personne auroit bien mérité, non-seulement pour l'avenir, mais même pour le présent, en accomplissant des actes qui sont les objets de l'indignation et de l'horreur générales. Car, à moins que nous ne voyions dans la justice, dans la véracité, dans la reconnoissance, des devoirs que sanctionne et que nous impose l'autorité immédiate de la raison et de la conscience, il s'en suivra, par une conséquence nécessaire, que nous sommes obligés de les violer toutes les fois qu'en le faisant nous avons pour but de satisfaire quelque intérêt plus essentiel de la société; ou, ce qui revient au même, il s'en suit que la bonté de la *fin* suffit pour sanctifier tous les *moyens* qu'on peut juger nécessaires à son accomplissement. Les esprits même les plus fermes et les plus pénétrans, s'ils n'étoient guidés que par leur vue incertaine et confuse de l'avenir, seroient souvent entraînés à des crimes énormes. Et quand on considère combien le nombre en est petit, en comparaison de ceux dont le jugement est perverti par les préjugés de l'éducation ou des passions, il est aisé de voir quelle scène d'anarchie le monde présenteroit.

Heureusement pour l'humanité, la paix de la société n'est point confiée au hasard; et de l'aveu de tout le monde, les règles générales d'une conduite vertueuse sont de telle nature qu'elles frappent toute âme sincère et bien disposée. Et, chose vraiment digne de remarque, tandis que la *théorie* de la morale renferme quelques-unes des questions les plus abstruses qui aient jamais occupé les facultés humaines, les jugemens et les sentimens moraux chez les peuples et dans les temps les plus divers, au sujet des devoirs les plus essentiels de la vie, ont toujours été uns et invariables. (1)

Dans les études morales, aussi bien que dans celles qui ont rapport à l'univers matériel, l'œuvre du philosophe se borne à une recherche analytique des lois générales qui sortent des phénomènes observés. Et s'il arrive que ses conclusions ne s'accordent pas avec les faits reconnus, il faut nécessairement que les premières soient corrigées ou modifiées par les derniers. En pareille occasion on doit toujours en appeler, comme

(1) Si quid rectissimum sit quærimus, perspicuum est. Si quid maximè expediat, obscurum. Sin ii sumus, qui profectò esse debemus, ut nihil arbitremur expedire, nisi quod rectum honestumque sit; non potest esse dubium, quid faciendum nobis. Cic. ep ad. Fam. IV. 2.

en dernier ressort, aux sentimens moraux et aux émotions de la race humaine. Ainsi, ces sacrifices héroïques faits à la reconnoissance, à la piété filiale, à l'affection conjugale, enfin toutes ces vertus dont nous lisons le récit avec tant de délices dans les poètes de tous les âges et de tous les pays qui ont su le mieux toucher le cœur humain, ne doivent point se ramener à l'autorité d'une théorie morale : ce sont les archives authentiques des faits que l'objet de ces théories est de généraliser. Cette sentence de Publius Syrus : *Omne dixeris maledictum, quum ingratum hominem dixeris*, parle un langage qui s'accorde avec les sentimens de toute âme non pervertie ; elle parle un langage qu'il est du devoir du moraliste, non pas de critiquer, mais d'écouter avec respect. Employons notre raison à l'interpréter et à lui obéir, et nous pourrons croire avec assurance que nous prenons les moyens les plus efficaces qui soient en nous pour augmenter la somme du bonheur de l'humanité. Mais la découverte de cette union entre la vertu et l'utilité, est le résultat tardif de combinaisons vastes et philosophiques, et elle cesseroit bientôt d'être vraie, si les hommes substituoient leurs propres idées d'utilité universelle à ces règles d'action qui nous sont inspirées par la sagesse de Dieu.

Il ne faut pas conclure de ces observations que dans la recherche morale, on doive toujours négliger la considération des causes finales. Au contraire, M. Smith lui-même, dont j'ai tâché tout-à-l'heure de développer et d'appuyer les préceptes logiques à ce sujet, a souvent exercé sa curiosité dans cette sorte d'étude, et semble avoir considéré les causes finales comme un objet non moins important que les causes efficientes. Seulement il faut prendre garde de confondre les unes avec les autres. Toutefois, entre ces deux recherches différentes, il y a en physique et en morale une liaison intime : souvent la considération des causes finales a conduit à la découverte de quelque loi générale de la nature ; et presque toujours la découverte d'une loi générale manifeste quelque dessein sage et bienfaisant, à l'accomplissement duquel elle concourt. Et c'est surtout la perspective de ces belles applications qui attache l'esprit humain à la recherche des lois générales.

CONCLUSION

DE LA SECONDE PARTIE.

Dans cette seconde partie, j'ai cherché à appeler l'attention de mes lecteurs sur diverses questions importantes, relatives à l'entendement humain. J'ai tenté d'abord de redresser quelques erreurs fondamentales qui se trouvent dans les théories les plus généralement adoptées sur nos facultés d'intuition et de raisonnement ; ensuite, d'éclaircir certains points de doctrine qui touchent au fondement même de la logique inductive, et qui ont été ou négligés ou mal compris de la plupart des écrivains qui m'ont précédé. Je n'essayerai point de récapituler ici tout ce que renferme ce volume. Le soin que j'ai pris de mettre la suite des discussions où je me suis engagé à la portée de tout lecteur intelligent, peut, ce me semble, m'en dispenser.

Peut-être mes fréquens appels aux opinions des divers auteurs paroîtront-ils déplacés dans un ouvrage qui s'annonce comme élémentaire, et qui par conséquent ne devoit offrir qu'une exposition dictactique des premiers principes. A cela je n'ai qu'une réponse à faire. La connoissance des lois générales qui régissent les phénomènes intellectuels, presque sans utilité dans la pratique, n'a de valeur pour celui qui étudie la logique, que comme préparation à l'étude de soi-même. Or, l'anatomie de l'âme diffère essentiellement de celle du corps. Quelques secours que puisse nous donner pour cette étude l'observation des diversités d'esprit que nous offrent nos semblables, ceux-là seuls atteignent le but qui peuvent se replier dans les profondeurs de leur âme. Et tous, avec les attributs génériques de la race humaine, ont en eux quelque qualité particulière, caractéristique de l'individu. Tout écrivain qui sur ce sujet mérite l'attention du lecteur, doit donc tirer de son propre fonds ses principaux matériaux, et ce n'est qu'en comparant les conclusions diverses de ces auteurs, et en les soumettant à l'épreuve de notre expérience personnelle, que nous pouvons espérer de distinguer les principes essentiels de l'esprit humain, des résultats de l'éducation et de notre tempérament, ou appliquer utilement aux circonstances particulières où nous nous trouvons les résultats combinés de nos lectures et de nos réflexions. Cet appel continuel que le lecteur est forcé de faire, dans ces recherches, à son jugement et à sa conscience, contribue puissamment à former en lui des habitudes non moins utiles à ses études métaphysiques, qu'à toutes ses autres recherches spéculatives.

A cette habitude se rattache une disposition de l'esprit à peser tous les mots, et à s'assurer de leur signification précise, l'une des opérations analytiques les plus délicates et les plus difficiles, et sur laquelle les meilleurs logiciens modernes ont surtout compté pour la découverte de la vérité. Or, nulle science n'est si propre à développer en nous cette disposition, que l'étude des opérations de notre âme. C'est là que l'imperfection du langage constitue l'obstacle principal à nos progrès, et l'on ne peut faire un seul pas sans trouver quelque fausse association d'idées sur laquelle des termes métaphysiques ou des théories analogiques nous ont fait illusion. Ainsi, même en faisant abstraction de ses diverses applications pratiques, et en n'y voyant qu'un exercice pour notre faculté de raisonner, cette étude nous est encore offerte par la nature comme un des meilleurs moyens pour habituer fortement l'esprit à ne se servir qu'avec sagesse et précaution du langage considéré comme instrument de pensée.

Les deux premiers chapitres de cet ouvrage traitent de questions logiques dont les solutions reçues me semblent arrêter la marche de l'esprit à chaque pas qu'il fait dans la science. En traitant ces différens points, j'ai critiqué avec franchise, mais, je l'espère, avec tout le respect que je leur dois, les doctrines de quelques illustres écrivains modernes que je suis fier de reconnoître pour maîtres. Quant aux réfutations de Condillac que j'ai placées dans mon ouvrage, je n'aurai sur ce sujet besoin d'aucune excuse auprès de ceux qui ont la plus légère connoissance de l'état actuel de la philosophie sur le continent, ou qui ont remarqué dans cette île la popularité naissante de quelques-unes de ses théories les plus faibles et les plus vicieuses.

Quant aux divers points en contestation dans la théorie de l'évidence, suivant qu'elle se fonde sur la démonstration ou sur l'expérience, je me flatte qu'on trouvera que j'ai beaucoup éclairé la question. Sur d'autres sujets, j'ai été forcé de me borner à proposer mes doutes, laissant à ceux qui viendront après moi le soin de les résoudre. Réveiller l'esprit de discussion assoupi, en indiquant les imperfections des systèmes généralement reçus, c'est encore avoir fait un pas de plus dans la route de la science.

C'est une remarque juste et philosophique de Burke, « que rien n'est plus pro-« pre à corrompre la science que de la lais-« ser en repos. C'est une eau qu'il faut agi-« ter, pour qu'on en puisse connoître la « vertu. Celui qui va au fond des choses, « quand il s'égareroit lui-même, fraie du « moins la route pour les autres, et sou-« vent ses erreurs peuvent servir la cause « de la vérité. »

Les chapitres qui viennent ensuite sur la logique de Bacon portent tous plus ou moins, dans leur intention générale, sur la théorie des facultés intellectuelles, et sur les premiers principes des connaissances humaines. Dans cette partie de mon ouvrage, le lecteur se sera aisément aperçu que mon dessein n'est pas de donner des préceptes de logique, mais de concentrer et de ramener sur la philosophie de l'esprit humain, tous les rayons épars de lumière qu'ont pu me fournir des recherches expérimentales auxquelles la philosophie a donné naissance. J'ai essayé en même temps, et j'espère avoir réussi, à donner un peu plus de précision au langage technique, et un peu plus d' exactitude aux idées métaphysiques de l'école de Bacon.

Je dois ajouter ici qu'en comparant l'esprit et les avantages de la nouvelle logique avec ceux de l'ancienne, je n'ai point désiré voir dans nos universités la première substituée à la seconde. Par un renversement étrange dans l'ordre de l'enseignement, la logique, au lieu d'occuper sa place naturelle, et de déterminer le cours des études philosophiques, a toujours été considérée comme une introduction à l'étude des sciences; et en conséquence on en a accablé les esprits encore peu développés des élèves à l'entrée du cours de philosophie. Tant que l'art syllogistique conserva sa réputation, ce renversement n'entrainoît que peu d'inconvenient dans la pratique. Les exemples usés et puérils qui servoient ordinairement à éclairer les règles, ne demandoient qu'une connoissance très-légère des matières scientifiques. Mais aujourd'hui qu'on donne généralement au mot de logique un sens plus étendu, et que l'on comprend sous ce nom, avec une esquisse de l'*Organon* d'Aristote, certaines parties des doctrines de Bacon, de Locke et de leurs successeurs, il semble tout-à-fait nécessaire de renvoyer cette étude à une époque où l'entendemeut ait acquis une suite d'idées plus vastes et plus variées, et où la faculté de réflexion, la dernière que la nature développe en nous, commence à solliciter un aliment digne d'elle. Quelles idées peut-on attacher à des mots tels qu'Analyse, Synthèse, Induction, Expérience, Analogie, Théories hypothétiques et légitimes, Certitude démonstrative ou morale, quand l'on n'a encore consacré exclusivement son attention qu'à l'acquisition des connoissances que l'on obtient dans les classes. Sans doute on parvient à donner aux élèves une certaine habitude de ce langage technique, mais il seroit difficile d'imaginer un expédient plus propre pour égarer, dans chaque circonstance imprévue, leur jugement sans expérience et mal affermi. Mais je ne veux point ici critiquer un système d'éducation dont rien ne peut faire espérer l'amélioration. Seulement, je ne puis me décider à quitter ce sujet sans faire remarquer, comme un fait qui dans l'avenir figurera dans l'histoire littéraire, que deux cents ans après les écrits philosophiques de Bacon, la vieille routine d'étude, originaire des temps de la barbarie scolastique et de la superstition de l'église romaine, s'est encore maintenue au sein de tant d'universités, et s'oppose aux améliorations qu'indiquent aujourd'hui l'état présent des sciences et l'ordre que suit la nature dans le développement des facultés intellectuelles. Mais je crains de m'étendre trop longuement sur ce sujet. A quoi bon se livrer à de vaines idées spéculatives, quand le jour qui doit les réaliser est encore si éloigné et si incertain?

FIN.

www.ingramcontent.com/pod-product-compliance
Ingram Content Group UK Ltd.
Pitfield, Milton Keynes, MK11 3LW, UK
UKHW020300230726
13925UKWH00001B/152

9 782013 654869